会社別就活ハンドブックシリーズ

# 2025

# 積水ハウスの
# 就活ハンドブック

就職活動研究会 編
JOB HUNTING BOOK

# は じ め に

　2021年春の採用から，1953年以来続いてきた，経団連（日本経済団体連合会）の加盟企業を中心にした「就活に関するさまざまな規定事項」の規定が，事実上廃止されました。それまで卒業・修了年度に入る直前の3月以降になり，面接などの選考は6月であったものが，学生と企業の双方が活動を本格化させる時期が大幅にはやまることになりました。この動きは2022年春そして2023年春へと続いております。

　また新型コロナウイルス感染者の増加を受け，新卒採用の活動に対してオンラインによる説明会や選考を導入した企業が急速に増加しました。採用環境が大きく変化したことにより，どのような場面でも対応できる柔軟性，また非接触による仕事の増加により，傾聴力というものが新たに求められるようになりました。

　『会社別就職ハンドブックシリーズ』は，いわゆる「就活生向け人気企業ランキング」を中心に，当社が独自にセレクトした上場している一流・優良企業の就活対策本です。面接で聞かれた質問にはじまり，業界の最新情報，さらには上場企業の株主向け公開情報である有価証券報告書の分析など，企業の多角的な判断・研究材料をふんだんに盛り込みました。加えて，地方の優良といわれている企業もラインナップしています。

　思い込みや憧れだけをもってやみくもに受けるのではなく，必要な情報を収集し，冷静に対象企業を分析し，エントリーシート作成やそれに続く面接試験に臨んでいただければと思います。本書が，その一助となれば幸いです。

　この本を手に取られた方が，志望企業の内定を得て，輝かしい社会人生活のスタートを切っていただけるよう，心より祈念いたします。

就職活動研究会

# Contents

# 第1章

## 積水ハウスの会社概況

会社によって選考方法は千差万別。面接で問われる内容や採用スケジュールもバラバラだ。採用試験ひとつとってみても，その会社の社風が表れていると言っていいだろう。ここでは募集要項や面接内容について過去の事例を収録している。

また，志望する会社を数字の面からも多角的に研究することを心がけたい。

# ✔ 企業理念

## 1. 人間愛 … 私たちの根本哲学

**人間は夫々かけがえのない貴重な存在であると云う認識の下に,**
**相手の幸せを願いその喜びを我が喜びとする奉仕の心を以って**
**何事も誠実に実践する事である。**

企業は人の集団である。その中の個人夫々が人間愛を実践すれば, 苦楽を共にする運命協同体が形成されると共に労使の対立のない全員参加の活力ある経営が実現し, 企業発展の原動力となる。また, 協力工事店或は取引先との間に人間愛があれば, 温かい共存共栄の実が結び, 企業基盤の充実がもたらされるであろう。更に顧客に対しては, お客様の幸せを願う心を持ってその所望に叶った商品を創造提供すれば, その満足を得ると共に企業の信用向上に大いに寄与するであろう。商品の開発や環境の創造或は新規事業の選択等も, これらが常に顧客に役立つものか, 或は社会に貢献出来るものかを目指すべきであって, これも広い意味での人間愛の実践である。

## 2. 真実・信頼 … 私たちの基本姿勢

**真実**

企業のあらゆる活動の実態並びに実績は, 真実の上に立脚せねば正しい評価はなされない。従業員個人や組織の能力, 或は実績の評価も, 真実に立脚せねば公平公正は期待出来ない。正しい且つ良き人間関係も真実の上に築かれるものである。従って, 常に情実を排し, 何が正しいか何が真実かを勇気を以って探求し続け, それを実行しなければならない。

**信頼**

企業は人の集団でありその活動はすべて幾人かの共同作業である。しかも人はすべて平等であるから夫々自主的判断により行動すべきであるが, 尚且つ組織として調和と共鳴が得られる時に組織は活性化する。それには, 互いに信頼し合い, 助け合い, 励まし合う事が欠かせない。チームワークの成果は相互信頼にかかっている。又, 人間関係が常に公平, 公正でなければ相互信頼は生れない。権力と情実は最も忌むべきである。

## 3. 最高の品質と技術 … 私たちの目

住宅業界のリーダーであり続ける為には, 質に於いても量においても名実ともに業界第一位でなければならない。最高の品質の商品を適正な価格で提供する事は勿論, その過程において営業・設計・生産・施工・アフターサービス等の段階で夫々お客様の信頼と満足を得る事が最高の品質なのである。また, 顧客のニーズに合った商品を絶えず他にさきがけて開発することもトップ企業の使命である。その為には, 積極的な情報の収集と創造の精神及び活力ある挑戦が求められる。

## 4. 人間性豊かな住まいと環境の創造 … 私たちの事業の意義

「人は住まいを創り, 住まいは人を創る」と云われる。人 間として豊かに感じ, 快く感じ, 安らぎを感ずる様な住まい手本位の住まいの提供, 快適で誇らしい街並や安全で利便性の良い環境, 或は近代的で合理性のある 都市開発等を創造する事は, 当社の社会的使命を果たすゆえんであり, 当社の存在の意義であると同時に当社従業員の誇りでもある。この誇りを何時迄も持ち続けていかねばならない。

# ✔ 会社データ

| | |
|---|---|
| **本社** | 〒531-0076 大阪市北区大淀中一丁目1番88号<br>梅田スカイビル　タワーイースト |
| **設立年月日** | 1960年8月1日 |
| **資本金** | 202,854,499,372円 (2023年6月7日現在) |
| **発行済株式総数** | 662,862,666株 (2023年6月7日現在) |
| **累積建築戸数** | 2,583,978戸 (2023年1月31日現在) |
| **主な事業内容** | 建築工事の請負及び施工／建築物の設計及び工事監理／造園工事及び外構工事の設計，請負，施工及び監理並びに樹木の育成及び売買／土木工事，大工工事，左官工事，とび・土工・コンクリート工事，石工事，屋根工事，電気工事，管工事，タイル・れんが・ブロック工事，鋼構造物工事，鉄筋工事，ほ装工事，板金工事，ガラス工事，塗装工事，防水工事，内装仕上工事，機械器具設置工事，熱絶縁工事，電気通信工事，建具工事，水道施設工事及び消防施設工事の請負及び施工／不動産の売買，交換及び貸借並びにこれらの仲介及び代理／不動産の管理及び鑑定並びに不動産コンサルティング／地域開発，都市開発及び環境整備に関する調査，企画，設計，エンジニアリング，マネジメント及びコンサルティング／土地の測量及び地質調査／第二種金融商品取引業／建築材料及び緑化造園材料の製造及び売買／家具，室内装飾品，家庭用電気製品，住宅設備機器，医療機器及び日用品雑貨の売買／廃棄物の収集，運搬，処分及び再資源化に関する事業／有料老人ホームその他医療・介護系施設の経営並びにこれらに関する経営コンサルティング／情報処理サービス事業並びに出版物の製作及び売買／コンピューターソフトウェア及び情報処理システムの開発，売買及び貸借／特許権その他知的財産に関する権利の取得，利用及び管理／スポーツ施設，保養所，研修所，飲食店，宿泊施設及び売店の経営並びにこれらに関する経営コンサルティング／各種催し物の企画，運営及び請負並びにカルチャーセンターの経営／道路貨物運送業，倉庫業及び警備業並びにこれらの取次及び代理／金銭の貸付，債務の保証及び動産のリース業／有価証券の保有，売買及び運用／広告代理業，損害保険代理業及び生命保険の募集に関する業務／職業能力開発施設の運営／当社と同一資本系列会社のための福利厚生施設経営／前各号に付帯する諸般事業をなすこと |
| **従業員数** | 14,932名 (2023年1月31日現在)<br>一級建築士　3,090名 |

# ✔ 仕事内容

## 営業職（総合職）
### 住宅部門（戸建住宅）

主として戸建住宅を販売する支店の営業担当として、お客様との出会いから住まいのお引き渡しまで全てのプロセスで窓口となります。販売成果を問われる職種ですが、その業務内容はお客様の開拓に始まり、新築計画が具体化するまでの信頼関係構築、新たな住まいのご要望に関するヒアリング、邸別自由設計の強みを活かしたプラン提案、最適な資金計画の立案やアドバイス、お引き渡しまでの細やかなお客様フォローと幅広く、それらの仕事を設計・現場監督・総務・地域勤務職とともに行う中で中心的役割を担います。

### 住宅部門（シャーメゾン）

主として賃貸住宅シャーメゾンを販売する支店の営業担当として、賃貸住宅だけでなく医療・介護・福祉関連施設や保育所など、様々なメニューからお客様のニーズに合わせた最適な土地活用を提案する仕事。お客様は地主様など個人の方から企業や大学など法人まで多岐に渡ります。大規模な案件も多く、設計など社内のスタッフだけでなく銀行や税理士をパートナーとしてプロジェクトの中心的役割を担うことも。

### デベロッパー部門（開発事業部・マンション事業部）

当社が不動産ディベロッパーとして行う都市再開発事業（オフィス・ホテル・共同複合開発等）や分譲マンション事業（グランドメゾン）の開発企画・推進、運営管理、販売営業等を担当。
開発事業部では、都市再開発事業の一環として『Trip Base 道の駅プロジェクト』にも携わります。

### デベロッパー部門（国際事業部）

入社５年ほど大阪で業務経験を積んだ後、いずれかの海外拠点に赴任して現地のプロジェクトマネージャーに。現地のプロジェクト進捗やローカルスタッフ育成など多岐にわたる業務を担い良質なプロジェクトを遂行する仕事です。定期的に本社や各海外拠点間への転勤があるため、語学スキルもさることながら様々な異文化に適応する高いヴァイタリティが求められます。

## 技術職（総合職）
### 住宅部門（戸建住宅）

鹿島は国内外の多領域にグループ企業を擁し、事業展開の可能性をますます広げています。これらの総合力を活かした不動産開発は、鹿島グループの大きな柱の一つとなっています。50年以上前に取り組んだ集合住宅や商業施設などを融合させたまちづくり。当時、民間事業としては最大級といわれたこの開発事業を皮切りに、東京駅をはじめとする主要拠点等において、数多くの大規模プロジェクトを手掛けてきました。オフィスや住宅、それらを組合せた大規模複合開発、リゾート事業、教育・医療施設を含めたPPP・PFI事業、さらには海外での開発事業など、幅広い事業分野において鹿島の挑戦は今も続いています。

### 住宅部門

戸建住宅・賃貸住宅・医療介護福祉施設・保育所など、当社オリジナルの工業化住宅部材を用いた各種建築物の設計や施工管理を担当する仕事。間取りの作成からインテリアのコーディネートまで住まいに関わる様々な提案を行う住宅設計、施工現場の工程管理・品質管理・安全管理をする現場監督等の業務を担っていただきます。
※募集学部：建築系

### デベロッパー部門（開発事業部・マンション事業部）

開発事業部の技術職では、都市再開発事業（オフィス・ホテル・共同複合開発等）の企画設計や設計推進業務、建築発注業務や工事期間中の調整、竣工後修繕などを担当。都市再開発事業の一環としてTrip Base 道の駅プロジェクトにも携わる。 マンション事業部の技術職では、分譲マンション「グランドメゾン」の設計業務を担当します。事業主・発注者の立場で設計に携わることができ、自分の思い描いた建築を実現できるやりがいもあります。将来的に国際事業部への異動や派遣の可能性もあるため、ある程度の語学力も必要です。
※募集学部：建築系

### デベロッパー部門（国際事業部）

大阪の国際事業部および各海外拠点において、不動産開発プロジェクトや住宅事業の設計企画・設計建築推進業務を担当。入社5年ほど大阪で業務経験を積んだ後、いずれかの海外拠点に赴任して各国に応じた商品開発や調達体制の構

築や、施工方法などの技術的支援を行います。定期的に本社や各海外拠点間への転勤があるため、語学スキルもさることながら様々な異文化に適応する高いヴァイタリティが求められます。
※募集学部：建築系

## 生産調達部門

当社オリジナルの工業化住宅部材を生産している宮城・茨城・静岡・兵庫・山口の各工場において、生産システム・設備・社内情報システムの管理・開発等を担当します。
※募集学部：電気・情報・機械・材料化学系・建築系

## 本社技術部門

R&D本部・技術管理本部・施工本部など本社内の各技術系部署にて、下記いずれかの専門業務を担当し、主に住宅部門のサポート・バックアップに携わる。
・商品開発、構造設計・計画、構法・工法研究、基礎・地盤研究、工業化・生産システム、材料、生体工学、インダストリアルデザイン等
※募集学部：建築・情報・機械・電気・人間工学・材料・デザイン系など

# 総合企画職（総合職）
## 事業所総務

「事業所」とは、戸建住宅やシャーメゾンの営業活動を行う全国の支店や、工場のこと（112の支店・5つの工場）。事業所には経理・総務・法務・人事系の業務を担当する総務課という部署があり、そこで組織風土管理・資金管理・法令遵守推進などを担当する事務業務です。総務は一般的に黙々とパソコンやデスクに向かっていると思われがちですが、実際は支店内や本社の様々な立場の人とのコミュニケーションが必要不可欠。主体的に人と関わり、周囲から感謝され、信頼されることにやりがいを感じられる仕事です。
※支店および工場の数は2023年5月31日時点の支店数、工場数となります。

## 国際部門

事業所総務と同様の仕事内容（経理・総務・法務・人事等の事務業務）を、国際事業部門で担う仕事です。大阪本社の国際事業部で3～5年程度総合企画職としての経験を積んだ後、英語圏を中心とした海外拠点に赴任し、総合企画職

として働きます。チャレンジングな環境で、勉強と努力を続けることにやりがいを見出すことのできる仕事です。

## IT

本社のIT デザイン部にて、情報システムやオリジナルアプリの企画・開発や運用による営業支援や、セキュリティ対策や従業員のIT 教育等を担当。各部門からの相談対応やＤＸの企画・推進を行い、将来的にはIT・デジタル技術を用いた事業戦略の構築も担当します。

## 地域勤務職（一般職）

各部門において総合職（総合企画職・営業職・技術職）をサポートする事務職。事務業務だけではなく、工業化住宅部門においては展示場接客やインテリアコーディネーターを担当することもあります。

# ✔ 先輩社員の声

## 住まいづくりに必要なことは「話す」よりも「聴く」こと

**【戸建住宅営業／2010年入社】**
**仕事内容を教えてください**

「住まいづくり」とは，お客様にとっての「夢」をカタチにすることです。私たち戸建住宅の営業の役割は，そのお手伝いに他なりません。仕事の流れとしては，まず展示場にお越しいただいたお客様をご案内し，お話を伺うことからはじまります。お客様の家族構成やライフスタイル・希望の間取りやデザインや資金計画などを深くヒアリングしていきます。入社当時は，担当するお客様も少ないため，建て替えそうな家へ飛び込み訪問をして新規のお客様獲得に向け営業活動を行っていました。最近は，取引先である銀行や会計事務所の方など，多岐に渡る取引先から，お客様をご紹介頂けるよう工夫しています。

仕事で意識をしていることは，「聴く」ことです。お客様との商談は8割聴いて2割話す。しっかりとお客様のことを理解することが，基本だと思います。お客様からより多くの情報を聞き出すために，商談の時以外にも同じ時間を過ごすようにしています。例えば，建築現場へご案内する車の中であったり，一緒に昼食をとったり，ふとした瞬間に本音が聞け，お客様との心理的な距離がグッと近くなり商談がスムーズに進むこともあります。またお客様のことも良く観察します。乗っている車や洋服など，口に出しておっしゃらなくても，そこからわかる情報もたくさんあるんですね。どのような家を建てたいかではなく，どのような生活を送りたいのか，お客様とイメージを共有するために，お客様を知ることに尽きると思います。これが「住まいづくり」だと考えています。

### 学生へのメッセージ

学生時代，私は大きな金額を扱う仕事がしたいと考えていました。もともとはディベロッパー業界を中心に，就職活動を行っておりました。偶然目にしたCMから，積水ハウスと出会い，優秀な人材が揃っている点に惹かれて入社を決意しました。特に住まいづくりはお客様の想いも非常に大きいものであり，商品の魅力だけではなく，提案する人間の魅力もなければ売れないものだと思います。そのような厳しさ・難しさは私にとってはむしろやりがいであり，自分も成長できるはずと信じています。

住まいづくりの営業は何もないところから提案し，お客様のニーズを一つひとつ汲み取り，カタチにしていきます。決して簡単な仕事ではありませんが，平坦な道を歩んでも面白くはなく，自分の成長もないと私は考えています。せっかく挑むのならば難しい道を歩みたい。そんな強い想いを持っている方は，ぜひ私たちと一緒にチャレンジして欲しいと思います。

■営業職（総合職）　■技術職（総合職）　■総合企画職（総合職）
■地域勤務職（一般職）

| | |
|---|---|
| 職種 | ■営業職<br>　●住宅部門（戸建住宅）<br>　●住宅部門（シャーメゾン）<br>　●開発・マンション事業<br>　●国際事業部<br><br>■技術職<br>　●住宅部門<br>　●デベロッパー部門（開発事業部・マンション事業部）<br>　●デベロッパー部門（国際事業部）<br>　●生産調達部門<br>　●本社技術部門<br><br>■総合企画職<br>　●事業所総務<br>　●本社（経理・財務・法務・人事・調達など）<br>　●本社（国際部門）<br>　●IT<br><br>■地域勤務職<br>　●地域勤務職 |
| 採用対象 | 2023年3月卒 |
| 募集学部・学科 | ■営業職（総合職）・総合企画職（総合職）・地域勤務職（一般職）：全学部全学科<br><br>■技術職（総合職）<br>住宅部門／デベロッパー部門：建築系<br>生産調達部門：電気・情報・機械・材料化学・建築系<br>本社技術部門：建築・情報・機械・電気・人間工学・材料・デザイン系 |
| 初任給 | ＜2023年4月実績 基本給＞<br>■営業職・技術職・総合企画職<br>大学院：246,500円 大学：235,000円<br>■地域勤務職<br>大学：182,500円〜192,500円（当社規定による）<br>短大・専門：172,500円〜182,500円（当社規定による） |

| 諸手当 | ■営業職<br>業績手当・営業手当・時間外勤務割増手当 他<br>■技術職<br>業績手当・時間外勤務割増手当 他<br>■総合企画職<br>時間外勤務割増手当 他<br>■地域勤務職<br>時間外勤務割増手当 他<br><br>※営業手当<br>時間外労働の有無にかかわらず、1日につき1時間分の時間外勤務割増手当を実勤務日数分支給。<br>1時間を超える時間外労働分については時間外勤務割増手当を支給。 |
|---|---|
| 昇給 | 年1回（4月） |
| 賞与 | 年3回（6月・12月，別途決算賞与あり） |
| 休日休暇 | 週休2日制（但し、曜日は部門によって異なる）<br>営業部門／戸建住宅支店：火曜日、水曜日<br>　　　　　シャーメゾン等の非住宅支店：土曜日、日曜日<br>本社・工場等／土曜日、日曜日<br>共通／会社の定める国民の祝日、夏季休日、年末年始休日、創立記念日、年次有給休暇（初年度20日）他<br>年間休日 カレンダーにより最大129日（国民の祝日による調整あり） |
| 勤務地 | 全国主要都市<br>※［地域勤務職］初期配属先：各採用エリアの事業所配属 |
| 勤務時間 | 【営業部門・本支社】9:00～18:00<br>【工場】8:30～17:30<br>【カスタマーズセンター】9:00～18:00<br>※営業職は，事業場外みなし労働時間制を採用。 |

# ✔ 採用の流れ （出典：東洋経済新報社『就職四季報』）

| エントリーの時期 | 【総・技】3〜7月 |
|---|---|
| 採用プロセス | 【総・技】ES 提出（3月〜）→筆記・面接（4回，4月〜）→内々定（4月〜） |

| 採用実績数 | | | | | |
|---|---|---|---|---|---|

|  | 大卒男 | 大卒女 | 修士男 | 修士女 |
|---|---|---|---|---|
| 2022年 | 269<br>（文：199<br>理：70) | 172<br>（文：108<br>理：64) | 18<br>（文：0<br>理：18) | 12<br>（文：1<br>理：11) |
| 2023年 | 292<br>（文：218<br>理：74) | 182<br>（文：120<br>理：62) | 20<br>（文：2<br>理：18) | 9<br>（文：1<br>理：8) |

※2024年：533名採用予定

**採用実績校**

【文系】
同志社大学，立命館大学，関西大学，日本大学，関西学院大学，近畿大学，明治大学，甲南大学，法政大学，駒澤大学，龍谷大学，青山学院大学　他

【理系】
日本大学，近畿大学，関西大学，金沢工業大学，工学院大学，東海大学　他

# ✔2023年の重要ニュース <small>(出典：日本経済新聞)</small>

## ■積水ハウス、地域工務店と共同建築　木造戸建て技術活用（3/10）

　積水ハウスは10日、地域の工務店と連携し、木造戸建て住宅の独自技術を活用する事業を始めることを明らかにした。子会社の積水ハウス建設が基礎と構造物の躯体（くたい）を建設し、連携する地域工務店が内装や外装を手掛ける。基礎と柱を直接結び付けることで耐震性能を高める技術を使い、耐震基準を満たさない住宅の建て替え需要を取り込む。

　複数の地域工務店と連携し、共同で木造戸建て住宅を建築する。積水ハウス建設が工務店から基礎と躯体の工事を受注する。工務店が販売力や顧客対応力といった強みを発揮できると見込む。対象は積水ハウスが「ファーストレンジ」と位置付ける3000万円未満の住宅で、2026年1月期に300棟の販売を目指す。

　同日開いた記者会見で仲井嘉浩社長が明かした。これまでファーストレンジの住宅は主に子会社の積水ハウスノイエが請け負ってきた。仲井社長は「積極的に技術をオープンにして拡販することで、良質な住宅ストックを形成できる」と話した。

## ■積水ハウス、6%賃上げ　5年ぶりベア　初任給も9%増（4/1）

　積水ハウスは2023年度の全社員の給与について、基本給を一律に引き上げるベースアップ（ベア）を実施する。賞与も含めた年間給与ベースだと6.5%の増加となる。ベアは2018年以来、5年ぶり。大卒の初任給も9.3%（2万円）引き上げて23万5000円とする。住宅メーカーなど建設業界は技術系人材が不足している。仲井嘉浩社長は「優秀な人材を確保したい」と狙いを話す。

　積水ハウスは物価に連動してベアの増加率を決定している。仲井社長は「急に物価が上がっているため、若年層には少し手厚くする」と述べた。同業では、大和ハウス工業もベアや定期昇給で4%の賃上げを実施する。大卒の初任給も9%引き上げ24万円とする。

## ■積水ハウス、戸建て住宅のデザイン刷新　6タイプに分類（6/20）

　積水ハウスは20日、戸建て住宅のデザインを6月末に刷新すると発表した。内外装で30日から新たに「ライフニットデザイン」を提案する。自社データベー

スや雑誌の画像など 6600 点を「暖」や「静」など 6 つのタイプに分けた。顧客の感性にあわせて大きなカテゴリーに仕分けしたうえで細かなインテリアなどをすすめる。

　従来は流行などにあわせて 20 程度のカテゴリーを用意していたが、6 つのデザインタイプに分類した。インテリアの色や素材、形などから受ける印象を言語化し、同様なタイプはまとめて分類。住宅やインテリアから顧客が受けるイメージを重視する。

　床材や壁材の候補はこれまでの 3000 種から 2200 種に絞り込んだ。戸建て住宅 1 戸あたりの単価が 3000 万円以上の顧客を対象にする。

　商談も見直し、新たな営業ツールを導入する。これまで積水ハウスが手がけてきたインテリア画像を、スマートフォンなどの画面に一覧表示し、顧客に好みを聞く。仲井嘉浩社長は「表面的な流行ではなく、顧客の感性と合致するデザインが必要だ」と説明した。

## ■積水ハウス、初の水素住宅発売へ　余剰太陽光使い夜発電（7/14）

　積水ハウスは 14 日、水素をつくって発電する住宅を 2025 年夏にも発売すると発表した。昼間に太陽光発電で余った電力を使って水素をつくり、夜に燃料電池で水素を反応させて発電する。水素を本格的に活用するのは住宅メーカーでは初めてという。住宅のエネルギー消費による二酸化炭素（$CO_2$）排出量をゼロにする ZEH（ゼロ・エネルギー・ハウス）の新たな方式として提案する。

　京都府にある自社の研究所で 6 月から実証実験を開始した。太陽光パネルで発電した余剰電力を使って、水を電気分解して水素をつくる。水素を吸収する合金のタンクで貯蔵し、夜間や雨の日などに燃料電池で水素を酸素と反応させて発電する。

　水素をつくる際は水道水を使う。水素を使う発電には家庭用燃料電池「エネファーム」もあるが、エネファームは都市ガスから水素を取り出して燃料電池で発電する方式が主流で、積水ハウスでは水素住宅は環境性能を高められるとみている。蓄電池を使って太陽光の余剰電力を貯蔵する場合と比べると、水素として貯蔵することで自然放電を抑えて、長期保存できる利点があるという。

　水電解装置や水素を貯蔵する装置、燃料電池の設置費用もあるため、実証実験などを経て住宅の販売価格を決めていく。積水ハウスでは 22 年度に販売した戸建て住宅の 93% が ZEH になるなど環境対応を進めている。太陽光発電と蓄電池を使うタイプなどに加え、新たに水素住宅を提案する。

# ✔2022年の重要ニュース (出典：日本経済新聞)

## ■積水ハウス、米住宅会社を買収　西海岸で地盤拡大（1/21）

　積水ハウスは20日、米国西海岸地盤の住宅会社ホルトホームズグループを買収したと発表した。買収額は非公表。積水ハウスは2026年1月期までに海外で年間1万戸の販売を目指しており、需要の旺盛な米国西海岸で事業を拡大する。

　ホルト社は2017年創業。大企業やスタートアップが集積し、人口増加の期待できるオレゴン州のポートランド地区を中心に約4800戸分の住宅地を管理している。21年12月期は695戸販売し、売上高は約410億円だった。

## ■積水ハウス、木造住宅の材料で認証取得（6/6）

　積水ハウスは6日、木造住宅の柱や梁などに使う木材が、森林破壊や違法伐採に加担していない適正に管理された森林から産出されたことを証明する認証を取得したと発表した。国際的な制度である「PEFC認証」などで、集成材メーカーなどサプライヤーにも同様の取得を働きかけた。「消費者の環境意識は高まっており他社との差を出せる」（積水ハウス）といい、受注の底上げにつながると見込む。

　現在は非認証材の在庫が残るため、認証材を使った住宅の建築は今後になる。2022年1月期に販売した戸建て住宅の42%が木造で、残りが鉄骨だった。

## ■積水ハウス、1970年代再現の住宅展示　大阪中之島美術館（8/5）

　積水ハウスは5日、大阪中之島美術館（大阪市）内で1970年代を再現した住宅を公開した。高度経済成長期に普及し始めた軽量鉄骨を使用して建設した。同社が展示品として美術館に住宅を建築するのは初めて。6日から開催される大阪中之島美術館の企画展に合わせて設置した。

　積水ハウスの仲井嘉浩社長は「世界で初めての工業化住宅のモデルだ。洗練されたデザインと工業化を両立させた部分に注目してほしい」と話す。住宅の立地は1970年の大阪万博をきっかけに開発が進んだ豊中市の千里ニュータウンを想定。70年代の図面をもとに建築した。当時流行し始めた洋風の応接間も再現した。

　住宅内ではパナソニックホールディングス（HD）や象印マホービンなどの協力により電子レンジや2ドア式冷蔵庫、二層式洗濯機といった家電も展示する。

　70年代前半は政府の「日本列島改造論」によって景気が過熱し、住宅建設ブームが起こった。新設住宅着工戸数は200万戸弱と現在の2倍強だった。積水ハウスは工場でパネル製造や鉄骨加工を手掛ける工業化住宅を生産した。

仲井社長は「住宅難の時代に工業化住宅というビジネスモデルが生まれた。先人たちがこのように日本の住宅難（の解消）に貢献してきたと思うと感慨深い」と話した。

## ■積水ハウス、兵庫県で初の「道の駅」ホテル（11/1）

積水ハウスは1日、兵庫県豊岡市に「道の駅」併設型のホテルを開業した。米ホテル大手のマリオット・インターナショナルと協業し、和歌山県や京都府などで同様のホテルを20軒弱運営しており、兵庫県では初めて。インバウンド（訪日外国人）の宿泊需要を取り込み、道の駅を核とする地方創生につなげる。兵庫県内では2023年夏までに新たに3軒の開業を予定する。

開業した「フェアフィールド・バイ・マリオット・兵庫神鍋高原」は豊岡市にある道の駅「神鍋高原」に併設。徒歩圏内にはスキー場などがあり、スポーツを楽しむ観光客の拠点とする考えだ。建物は3階建て。広さ約25平方メートルの客室が73あり、1室あたりの料金は平均で1泊1万5000円程度になる。大阪駅と3時間弱で結ぶバスの停留所をホテル近くに設置することも検討している。

ホテル内にレストランや娯楽施設は設けておらず、宿泊者には道の駅や地元の飲食店、近隣でのトレッキングやスキーなどの利用を促す。開業式に出席した積水ハウスの仲井嘉浩社長は「旅行の通過点になってしまいかねない道の駅に宿泊機能を加えることで道の駅のポテンシャルを引き出せる」と語った。

新型コロナウイルスの感染拡大前も神鍋高原周辺のインバウンドは中国やタイなど一部に限られていた。2025年国際博覧会（大阪・関西万博）の開催を控え、兵庫県の斎藤元彦知事は「インバウンドを盛り上げるチャンスが訪れる」と指摘。ホテルを中心とした地域での取り組みを通じて、マリオットは将来的に宿泊者の半分がインバウンドになると見込んでいる。

積水ハウスとマリオットは兵庫県内で淡路島の淡路市と南あわじ市、養父市でも道の駅併設ホテルの開業を計画している。25年には全国26道府県で約3000室の規模とする目標を掲げる。

# ✔2021年の重要ニュース <sub>（出典：日本経済新聞）</sub>

## ■積水ハウス、室内の換気をシミュレーション（4/9）

　積水ハウスは新築戸建て住宅向けに換気効率や空気の流れをシミュレーションするシステムを開発した。室内換気装置「スマートイクス」の導入を検討する顧客に、きれいな空気の広がり方や花粉やウイルスの影響をコンピューターグラフィックス（CG）や動画を使って説明する。導入の効果を可視化し、販売増につなげる。

　スマートイクスは、換気装置や天井に取り付ける空気清浄機などを組み合わせ、窓を開けることなく室内を換気する。2020年12月中旬の販売開始から3カ月半で受注は1000棟分を超えた。

## ■住宅設備丸ごとスマホで操作　玄関の施錠も（4/23）

　積水ハウスは住宅設備をスマートフォンで遠隔操作できるサービスを2021年夏に始める。エアコンや照明の操作だけでなく、玄関も施錠できる。関東と関西の新築戸建て向けに提供する。住人の生活データをビッグデータ化し、新規事業の展開にも生かす。

　住宅には、住宅設備の稼働状況を管理する小型の専用機器や温湿度センサーなどを設置する。スマホのアプリに家の間取り図を表示し、室温の高い部屋を赤くするなど家の状況を確認できる。それぞれの部屋をタップして、エアコンの温度や照明を調節する。

　玄関の鍵の閉め忘れがあれば、外出先から施錠できる。不在時に玄関や窓の鍵が開けられると、スマホに通知し異常を知らせる。鍵の遠隔操作はセキュリティー面で課題があるが、積水ハウスは第三者機関の認証を受けたうえで実用化する予定だ。サービスの利用料金はこれから決める。

　住環境のデータや住宅設備の使い方などのデータをクラウドに蓄積する。個人情報を匿名化したうえで解析して、生活習慣の改善や家電の節電などを助言するサービスを展開する考えだ。

## ■東大と建築研究施設　デジタル技術活用（10/14）

　積水ハウスは14日、東京大学とデジタル技術を活用して建築を学ぶ研究施設を同大学内に新設したと発表した。3Dプリンターやレーザーカッターなどのデジタル設備を備え、学生は使い方を習得すれば自由に使える。少子高齢化や環境

問題を解決する住まいの研究や建築人材の育成を目指す。

　東大本郷キャンパス（東京・文京）の工学部内に研究施設「T-BOX」を設けた。積水ハウスが資金を提供し、建築家で同大特別教授の隈研吾氏などが内装をデザインした。3D プリンター 7 台やレーザーカッター 3 台などを設置。デジタルアーカイブとして保存する歴史的資料も研究に生かす。海外建築家を招き講義してもらう場としても活用する。

　14 日の記者会見で、積水ハウスの仲井嘉浩社長は「発想力や感性が豊かな学生たちから新たな住宅イノベーションが生まれるのを期待したい」と述べた。同施設での研究結果や、学生と社員のワークショップで生まれた発想を住宅商品に取り込みたい考えだ。

　隈特別教授は「世界の建築教育が社会的問題やデジタル技術とつながろうとするなか、（同施設は）強い存在感を発揮するだろう」と意気込んだ。

## ■積水ハウス、全分譲マンションを ZEH に　23 年度目標（10/28）

　積水ハウスは 28 日、2023 年度に販売する全ての新築分譲マンションを断熱性や省エネ性能が高い ZEH（ゼロ・エネルギー・ハウス）仕様にすると発表した。戸建て住宅で広がる ZEH は、集合住宅で普及し始めたばかり。脱炭素化の取り組みを加速する。

　積水ハウスは低層や超高層などの分譲マンションを扱い 21 年度は 378 戸を着工する予定だ。販売する物件の ZEH 比率を 21 年度に 35%、22 年度に 85% と段階的に高める。

　家庭用燃料電池をエネルギー源とした床暖房や効率性の高いエアコンを採用する。タワーマンションは断熱性能が高い真空複層ガラスを導入し、眺望の良さと省エネルギー性能を両立する。

　省エネを推奨する一般社団法人の環境共創イニシアチブ（東京・中央）によると、国の補助金が交付された ZEH 基準の集合住宅は 20 年度時点で 500 件に満たない。

　政府は 50 年の「カーボンニュートラル」（温暖化ガス排出実質ゼロ）に向け、30 年度の家庭部門の温暖化ガス排出量を 13 年度比 66% 減らす目標を決めた。家庭部門の温暖化ガスを削減するには、販売した住戸の省エネ化が不可欠とされている。

# ✔ 就活生情報

**総合職** 2023年度採用

## エントリーシート

・形式：採用ホームページから記入

## セミナー

・記載なし

## 筆記試験

・形式：Webテスト

## 面接（個人・集団）

・雰囲気：和やか
・回数：4回

## 内定

・通知方法：メール

地域勤務職の募集人数は若干名なので狭き門だが，最後まであきらめずに挑戦してほしい

## 地域勤務職（営業事務）2021卒

## エントリーシート

・形式：採用ホームページから記入
・内容：学生時代に力を入れたこと，自己PR，仕事で最も重視すること

## セミナー

・選考とは無関係
・服装：リクルートスーツ
・内容：働き方セミナー，多くの先輩社員と話ができる

## 筆記試験

・形式：Webテスト/マークシート
・科目：数学，算数/国語，漢字/性格テスト
・内容：Webテスト（玉手箱），三次面接の前に行われる筆記試験は積水ハウス独自のもの

## 面接（個人・集団）

・雰囲気：和やか
・回数：4回
・質問内容：自己PR，学生時代に力を入れたこと，志望動機，相手からどんな人間と思われるか，将来像，その職集を志望する理由，強みと弱み

## 内定

・拘束や指示：特になし
・通知方法：最終面接の際

## ▶ その他受験者からのアドバイス

・連絡や対応が早かった，次の面接までの期間がとても短かった
・一次と二次面接はWebだった（コロナ禍のため）
・Web面接の対策をしっかりした方がよい

最後まであきらめずに頑張りぬけば，きっとその努力を評価してもらえます

## 技術職（設計・現場監督）2021卒

## エントリーシート
・形式：採用ホームページから記入
・内容：積水ハウスを知った経緯，志望理由，自己PR，研究内容

## セミナー
・（不参加）

## 筆記試験
・形式：Webテスト／マークシート
・科目：数学，算数／国語，漢字／性格テスト

## 面接（個人・集団）
・雰囲気：和やか
・回数：5回
・質問内容：一次面接…自己紹介，志望動機，長所と短所，逆質問。二次面接…自己紹介，研究内容，即日設計課題のプレゼン・講評，逆質問。三次面接…部活は何をしているか，部活の雰囲気，勤務地について，自分の性格について（性格テストの結果と照らし合わせて），どんな社員になりたいか，これからの目標，他社の選考状況。意思確認面談…単位数，研究内容，勤務希望地，希望職種，他社の選考状況（他社をどうするか），逆質問

## 内定
・拘束や指示：特になし
・通知方法：意思確認面談の際に内々定，その後のスケジュールについて説明された

## ▶ その他受験者からのアドバイス
・人間性を評価していただけたと実感できた，これまで力を入れてきたことについて深堀りしてくれた
・人によって選考フローが違うようだ

セミナーが多いため，知りたいことを知ったうえで選考に挑むことができました

**総合営業職** 2021卒

## エントリーシート

・形式：採用ホームページから記入
・内容：志望理由，自己PR，仕事で最も重視すること

## セミナー

・（不参加）

## 筆記試験

・形式：Webテスト／マークシート／作文
・科目：数学，算数／国語，漢字／論作文／性格テスト
・内容：Webテスト（電卓使用不可），論作文は自分の考えを述べるもの，いずれの結果も合否は出されない

## 面接（個人・集団）

・雰囲気：普通
・回数：4回
・質問内容：すべて個人面接，一次面接は夏のインターンシップ参加者は免除。自己紹介，学生時代に頑張ったこと，居住地の確認，営業で大切なことは何か，志望動機，自己PR，単位，就職活動の状況，長所と短所，逆質問

## 内定

・拘束や指示：他社選考が行われる期間はしっかり待ってもらえる。他社の選考を断ってから内定承諾する

## ● その他受験者からのアドバイス

・話を盛ったり嘘をつくと，すぐに見破られるため，正直に話すこと

企業研究や自己分析を怠らず，自分の就活の軸を
はっきりさせることが大事です

## 総合職(営業) 2020卒

## エントリーシート
・ 形式：採用ホームページから記入
・ 内容：住まいづくりの仕事にとって何が一番重要だと思うか，自己PR，志望
　理由

## セミナー
・ 選考とは無関係
・ 服装：リクルートスーツ，まったくの普段着
・ 内容：営業職の女性の活躍を紹介した動画など，様々な職種の方のPRやイン
　タビューを見ることができた

## 筆記試験
・ 形式：Webテスト/マークシート
・ 科目：数学，算数/国語，漢字

## 面接(個人・集団)
・ 雰囲気：和やか
・ 質問内容：なぜこの業界か，就活の軸，大学時代頑張ったこと，5年後・10
　年後どのような自分が理想か，希望勤務地など。住宅展示場に行ったか問われ
　た人もいる

## 内定
・ 拘束や指示：入社することを決めた人のみ来てほしい，と書いてある内定承諾
　面談というものがあった
・ 通知方法：採用ホームページのマイページ


## ▶ その他受験者からのアドバイス
・ 面接対策よりも，接客関係のアルバイトなどをしておいた方が，良いかも
　しれない。勉強やスポーツしかしていないような人は，落ちやすいと思う

色々な企業があるので，自分の目でしっかりと見るのがいいと思います。頑張ってください

**地域勤務職** 2019卒

## エントリーシート

・形式：採用ホームページから記入

## セミナー

・選考とは無関係
・服装：リクルートスーツ

## 筆記試験

・形式：Webテスト
・科目：数学，算数／国語，漢字／性格テスト
・内容：玉手箱

## 面接（個人・集団）

・回数：3回
・質問内容：自己紹介，自己PRとそれに関する質問，アルバイト，高校時代の話，逆質問，最寄駅，志望動機，なぜ総合職ではないのか，つよみとそれをどうやって仕事にいかすか，地域勤務職のイメージ

## 内定

・拘束や指示：意思確認がある
・通知方法：採用HPのマイページ
・タイミング：予定通り

## ● その他受験者からのアドバイス

・みんなが，大企業だという誇りを持って発言される点は良かった。
・よくなかった点は，面接官が地域勤務職だと思って，見下している感じがすること

情熱をもって自分の言葉で入社したい意思を伝えて下さい。その熱意は必ず伝わるはずです

**営業職** 2018卒

## エントリーシート

・内容：なぜ住宅業界なのか，積水ハウスを知ったきっかけ，志望動機，自己PR（得意なこと・性格など）

## セミナー

・選考とは無関係
・服装：リクルートスーツ
・内容：社員との座談会や逆質問，事業説明

## 筆記試験

・形式：記述式／Webテスト
・科目：数学，算数／国語，漢字
・内容：玉手箱

## 面接（個人・集団）

・質問内容:ESについての質問，学生と社会人の違いは何か，学生時代に頑張ったこと，きつい仕事についていける自信はあるか

## 内定

・通知方法：採用HPのマイページ

自己分析と志望動機を固めることが大事だと思います。これがしっかりできていれば面接にも程よい緊張感で臨めると思います

**地域勤務職** 2017卒

## エントリーシート

・形式：採用ホームページから記入
・内容：志望動機，自己PR，住まいづくりの仕事にとって何が一番重要だと思うか

## セミナー

・選考とは無関係
・服装：リクルートスーツ
・内容：説明会参加は必須ではなかったが，説明会の後に感想のようなものを書いた

## 筆記試験

・形式：マークシート／Webテスト
・科目：数学，算数／国語，漢字／性格テスト
・内容：玉手箱の言語と非言語と性格。筆記は言語と非言語でマークシート

## 面接（個人・集団）

・雰囲気：和やか
・質問内容：志望動機，自己PR，勤務地について，今までで一番大変だったこと，学生時代に頑張ったことは1次～最終まで毎回聞かれた

## 内定

・通知方法：電話

## ● その他受験者からのアドバイス

・結果の連絡が2日程で来たので，スムーズに選考を終えることができた
・よくなかった点は，人によっては通過連絡が10日後だったり，ばらつきがあるようだったこと

学生同士の出会いはもちろん，社会人の方とも話し，自分を見つめ直すいい機会なので，何事も真摯に受け止めて頑張って下さい

**技術職** 2017卒

## エントリーシート

・形式：採用ホームページから記入

## セミナー

・選考とは無関係
・服装：リクルートスーツ
・内容：ESを書き，面接をクリアするための講座。企業紹介から，自己分析まで幅広くできるイベントだった

## 筆記試験

・形式：Webテスト
・科目：数学，算数／国語，漢字

## 面接（個人・集団）

・質問内容：志望動機，自己紹介，自己PR，学生時代頑張ったこと，アルバイト，サークル，趣味

## 内定

・通知方法：電話

## ● その他受験者からのアドバイス

・学生の立場に立って，話をしっかり聞いてくれるところがよかった。

企業の事を知ることも大切だが，自分がなんで住宅の営業をしたいのが，どんな仕事をしたいのかを考えてください

**営業職** 2017卒

## エントリーシート

・形式：採用ホームページから記入
・内容：志望動機，自己PR，住まいづくりにとって大切なことは

## セミナー

・選考とは無関係
・内容：エントリーしたのが８月と遅かった為なのか，説明会の案内はなく，そのまま面接だった

## 筆記試験

・形式：マークシート／Webテスト
・科目：数学，算数／国語，漢字／性格テスト
・提出の際，一緒に自宅でWEBテストが実施された。GABや玉手箱で数学は図表読み取り，国語は文章理解だった。性格診断もあった

## 面接（個人・集団）

・雰囲気：和やか
・質問内容：一次面接→会話形式で内容は趣味，志望動機，他社の選考状況，なんでこの業界か

## 内定

・拘束や指示：特になし
・通知方法：WEB上のメールボックス
・タイミング：予定より早い

## ● その他受験者からのアドバイス

・よかった点は，全体を通してとても和やかで楽しかったこと（３次面接以外）

# ✔ 有価証券報告書の読み方

## 01 部分的に読み解くことからスタートしよう

　「有価証券報告書（以下，有報）」という名前を聞いたことがある人も少なくはないだろう。しかし，実際に中身を見たことがある人は決して多くはないのではないだろうか。有報とは上場企業が年に1度作成する，企業内容に関する開示資料のことをいう。開示項目には決算情報や事業内容について，従業員の状況等について記載されており，誰でも自由に見ることができる。

　一般的に有報は，証券会社や銀行の職員，または投資家などがこれを読み込み，その後の戦略を立てるのに活用しているイメージだろう。その認識は間違いではないが，だからといって就活に役に立たないというわけではない。就活を有利に進める上で，お得な情報がふんだんに含まれているのだ。ではどの部分が役に立つのか，実際に解説していく。

### ■有価証券報告書の開示内容

　では実際に，有報の開示内容を見てみよう。

### 有価証券報告書の開示内容

第一部【企業情報】
　第1　【企業の概況】
　第2　【事業の状況】
　第3　【設備の状況】
　第4　【提出会社の状況】
　第5　【経理の状況】
　第6　【提出会社の株式事務の概要】
　第7　【提出会社の状参考情報】
第二部【提出会社の保証会社等の情報】
　第1　【保証会社情報】
　第2　【保証会社以外の会社の情報】
　第3　【指数等の情報】

有報は記載項目が統一されているため，どの会社に関しても同じ内容で書かれている。このうち就活において必要な情報が記載されているのは，第一部の第1【企業の概況】〜第5【経理の状況】まで，それ以降は無視してしまってかまわない。

## 02 企業の概況の注目ポイント

　第1【企業の概況】には役立つ情報が満載。そんな中，最初に注目したいのは，冒頭に記載されている【主要な経営指標等の推移】の表だ。

| 回次 | | 第25期 | 第26期 | 第27期 | 第28期 | 第29期 |
|---|---|---|---|---|---|---|
| 決算年月 | | 平成24年3月 | 平成25年3月 | 平成26年3月 | 平成27年3月 | 平成28年3月 |
| 営業収益 | (百万円) | 2,532,173 | 2,671,822 | 2,702,916 | 2,756,165 | 2,867,199 |
| 経常利益 | (百万円) | 272,182 | 317,487 | 332,518 | 361,977 | 428,902 |
| 親会社株主に帰属する当期純利益 | (百万円) | 108,737 | 175,384 | 199,939 | 180,397 | 245,309 |
| 包括利益 | (百万円) | 109,304 | 197,739 | 214,632 | 229,292 | 217,419 |
| 純資産額 | (百万円) | 1,890,633 | 2,048,192 | 2,199,357 | 2,304,976 | 2,462,537 |
| 総資産額 | (百万円) | 7,060,409 | 7,223,204 | 7,428,303 | 7,605,690 | 7,789,762 |
| 1株当たり純資産額 | (円) | 4,738.51 | 5,135.76 | 5,529.40 | 5,818.19 | 6,232.40 |
| 1株当たり当期純利益 | (円) | 274.89 | 443.70 | 506.77 | 458.95 | 625.82 |
| 潜在株式調整後1株当たり当期純利益 | (円) | — | — | — | — | — |
| 自己資本比率 | (%) | 26.5 | 28.1 | 29.4 | 30.1 | 31.4 |
| 自己資本利益率 | (%) | 5.9 | 9.0 | 9.5 | 8.1 | 10.4 |
| 株価収益率 | (倍) | 19.0 | 17.4 | 15.0 | 21.0 | 15.5 |
| 営業活動によるキャッシュ・フロー | (百万円) | 558,650 | 588,529 | 562,763 | 622,762 | 673,109 |
| 投資活動によるキャッシュ・フロー | (百万円) | △370,684 | △465,951 | △474,697 | △476,844 | △499,575 |
| 財務活動によるキャッシュ・フロー | (百万円) | △152,428 | △101,151 | △91,367 | △86,636 | △110,265 |
| 現金及び現金同等物の期末残高 | (百万円) | 167,525 | 189,262 | 186,057 | 245,170 | 307,809 |
| 従業員数[ほか、臨時従業員数] | (人) | 71,729 [27,746] | 73,017 [27,312] | 73,551 [27,736] | 73,329 [27,313] | 73,053 [26,147] |

　見慣れない単語が続くが，そう難しく考える必要はない。特に注意してほしいのが，**営業収益**，**経常利益**の二つ。営業収益とはいわゆる**総売上額**のことであり，これが企業の本業を指す。その営業収益から営業費用（営業費（販売費＋一般管理費）＋売上原価）を差し引いたものが**営業利益**となる。会社の業種はなんであれ，モノを顧客に販売した合計値が営業収益であり，その営業収益から人件費や家賃，広告宣伝費などを差し引いたものが営業利益と覚えておこう。対して経常利益は営業利益から本業以外の損益を差し引いたもの。いわゆる金利による収益や不動産収入などがこれにあたり，本業以外でその会社がどの程度の力をもっているかをはかる絶好の指標となる。

■会社のアウトラインを知れる情報が続く。

　この主要な経営指標の推移の表につづいて、「会社の沿革」、「事業の内容」、「関係会社の状況」「従業員の状況」などが記載されている。自分が試験を受ける企業のことを，より深く知っておくにこしたことはない。会社がどのように発展してきたのか，主としている事業はどのようなものがあるのか，従業員数や平均年齢はどれくらいなのか，志望動機などを作成する際に役立ててほしい。

## 03 事業の状況の注目ポイント

　第2となる【事業の状況】において，最重要となるのは**業績等の概要**といえる。ここでは1年間における収益の増減の理由が文章で記載されている。「○○という商品が好調に推移したため，売上高は△△になりました」といった情報が，比較的易しい文章で書かれている。もちろん，損失が出た場合に関しても包み隠さず記載してあるので，その会社の1年間の動向を知るための格好の資料となる。

　また，業績については各事業ごとに細かく別れて記載してある。例えば鉄道会社ならば，①運輸業，②駅スペース活用事業，③ショッピング・オフィス事業，④その他といった具合だ。**どのサービス・商品がどの程度の売上を出したのか**，会社の持つ展望として，今後**どの事業をより活性化**していくつもりなのか，などを意識しながら読み進めるとよいだろう。

### ■「対処すべき課題」と「事業等のリスク」

　業績等の概要と同様に重要となるのが，「**対処すべき課題**」と「**事業等のリスク**」の2項目といえる。ここで読み解きたいのは，その会社の**今後の伸びしろ**について。いま，会社はどのような状況にあって，どのような課題を抱えているのか。また，その課題に対して取られている対策の具体的な内容などから経営方針などを読み解くことができる。リスクに関しては法改正や安全面，他の企業の参入状況など，会社にとって決してプラスとは言えない情報もつつみ隠さず記載してある。客観的にその会社を再評価する意味でも，ぜひ目を通していただきたい。

　次代を担う就活生にとって，ここの情報はアピールポイントとして組み立てやすい。「新事業の○○の発展に際して……」，「御社が抱える●●というリスクに対して……」などという発言を面接時にできれば，面接官の心証も変わってくるはずだ。

　最後に注目したいのが，第5【経理の状況】だ。ここでは，簡単にいえば【主要な経営指標等の推移】の表をより細分化した表が多く記載されている。ここの情報をすべて理解するのは，簿記の知識がないと難しい。しかし，そういった知識があまりなくても，読み解ける情報は数多くある。例えば**損益計算書**などがそれに当たる。

連結損益計算書

(単位：百万円)

| | 前連結会計年度<br>（自 平成26年4月1日<br>至 平成27年3月31日） | 当連結会計年度<br>（自 平成27年4月1日<br>至 平成28年3月31日） |
|---|---|---|
| 営業収益 | 2,756,165 | 2,867,199 |
| 営業費 | | |
| 　運輸業等営業費及び売上原価 | 1,806,181 | 1,841,025 |
| 　販売費及び一般管理費 | ※1 522,462 | ※1 538,352 |
| 　営業費合計 | 2,328,643 | 2,379,378 |
| 営業利益 | 427,521 | 487,821 |
| 営業外収益 | | |
| 　受取利息 | 152 | 214 |
| 　受取配当金 | 3,602 | 3,703 |
| 　物品売却益 | 1,438 | 998 |
| 　受取保険金及び配当金 | 8,203 | 10,067 |
| 　持分法による投資利益 | 3,134 | 2,565 |
| 　雑収入 | 4,326 | 4,067 |
| 　営業外収益合計 | 20,858 | 21,616 |
| 営業外費用 | | |
| 　支払利息 | 81,961 | 76,332 |
| 　物品売却損 | 350 | 294 |
| 　雑支出 | 4,090 | 3,908 |
| 　営業外費用合計 | 86,403 | 80,535 |
| 経常利益 | 361,977 | 428,902 |
| 特別利益 | | |
| 　固定資産売却益 | ※4 1,211 | 838 |
| 　工事負担金等受入額 | ※5 59,205 | ※5 24,487 |
| 　投資有価証券売却益 | 1,269 | 4,473 |
| 　その他 | 5,016 | 6,921 |
| 　特別利益合計 | 66,703 | 36,721 |
| 特別損失 | | |
| 　固定資産売却損 | ※6 2,088 | ※6 1,102 |
| 　固定資産除却損 | ※7 3,957 | ※7 5,105 |
| 　工事負担金等圧縮額 | ※8 54,253 | ※8 18,346 |
| 　減損損失 | ※9 12,738 | ※9 12,297 |
| 　耐震補強重点対策関連費用 | 8,906 | 10,288 |
| 　災害損失引当金繰入額 | 1,306 | 25,085 |
| 　その他 | 30,128 | 8,537 |
| 　特別損失合計 | 113,379 | 80,763 |
| 税金等調整前当期純利益 | 315,300 | 384,860 |
| 法人税、住民税及び事業税 | 107,540 | 128,972 |
| 法人税等調整額 | 26,202 | 9,326 |
| 法人税等合計 | 133,742 | 138,298 |
| 当期純利益 | 181,558 | 246,561 |
| 非支配株主に帰属する当期純利益 | 1,160 | 1,251 |
| 親会社株主に帰属する当期純利益 | 180,397 | 245,309 |

　主要な経営指標等の推移で記載されていた**経常利益**の算出する上で必要な営業外収益などについて，詳細に記載されているので，一度目を通しておこう。

　いよいよ次ページからは実際の有報が記載されている。ここで得た情報をもとに有報を確実に読み解き，就職活動を有利に進めよう。

# ✔ 有価証券報告書

※抜粋

## 企業の概況

### 1　主要な経営指標等の推移

#### （1）　連結経営指標等 ·························································

| 回次 | | 第68期 | 第69期 | 第70期 | 第71期 | 第72期 |
|---|---|---|---|---|---|---|
| 決算年月 | | 2019年1月 | 2020年1月 | 2021年1月 | 2022年1月 | 2023年1月 |
| 売上高 | （百万円） | 2,160,316 | 2,415,186 | 2,446,904 | 2,589,579 | 2,928,835 |
| 経常利益 | （百万円） | 195,190 | 213,905 | 184,697 | 230,094 | 257,272 |
| 親会社株主に帰属する<br>当期純利益 | （百万円） | 128,582 | 141,256 | 123,542 | 153,905 | 184,520 |
| 包括利益 | （百万円） | 46,691 | 148,588 | 129,129 | 225,063 | 262,931 |
| 純資産額 | （百万円） | 1,196,923 | 1,306,850 | 1,368,887 | 1,520,959 | 1,667,546 |
| 総資産額 | （百万円） | 2,413,035 | 2,634,748 | 2,625,861 | 2,801,189 | 3,007,537 |
| 1株当たり純資産額 | （円） | 1,718.82 | 1,852.62 | 1,948.12 | 2,184.36 | 2,466.04 |
| 1株当たり当期純利益 | （円） | 186.53 | 205.79 | 181.18 | 227.37 | 276.58 |
| 潜在株式調整後<br>1株当たり当期純利益 | （円） | 186.29 | 205.57 | 181.02 | 227.25 | 276.46 |
| 自己資本比率 | （％） | 49.02 | 48.06 | 50.52 | 52.62 | 54.29 |
| 自己資本利益率 | （％） | 10.82 | 11.54 | 9.53 | 10.99 | 11.88 |
| 株価収益率 | （倍） | 8.72 | 11.47 | 11.14 | 10.18 | 8.86 |
| 営業活動による<br>キャッシュ・フロー | （百万円） | 125,088 | 363,766 | 191,972 | 118,034 | 125,464 |
| 投資活動による<br>キャッシュ・フロー | （百万円） | △70,184 | △65,229 | △95,504 | △113,706 | △165,409 |
| 財務活動による<br>キャッシュ・フロー | （百万円） | △31,030 | △148,160 | △77,614 | △111,701 | △155,780 |
| 現金及び現金同等物の<br>期末残高 | （百万円） | 342,898 | 583,297 | 600,234 | 515,174 | 332,747 |
| 従業員数 | （人） | 24,775 | 27,397 | 28,362 | 28,821 | 29,052 |

（注）1　記載金額は，単位未満の端数を切り捨てて表示しています。

---

(point) **主要な経営指標等の推移**

数年分の経営指標の推移がコンパクトにまとめられている。見るべき箇所は連結の売
上，利益，株主資本比率の3つ。売上と利益は順調に右肩上がりに伸びているか，逆
に利益で赤字が続いていたりしないかをチェックする。株主資本比率が高いとリーマ
ンショックなど景気が悪化したときなどでも経営が傾かないという安心感がある。

2 「『税効果会計に係る会計基準』の一部改正」（企業会計基準第28号　平成30年2月16日）等を第69期の期首から適用しており，第68期に係る主要な経営指標等については，当該会計基準等を遡って適用した後の指標等となっています。

3 「収益認識に関する会計基準」（企業会計基準第29号　2020年3月31日）等を第72期の期首から適用しており，第72期に係る主要な経営指標等については，当該会計基準等を適用した後の指標等となっています。

## （2）　提出会社の経営指標等 ·························································

| 回次 | | 第68期 | 第69期 | 第70期 | 第71期 | 第72期 |
|---|---|---|---|---|---|---|
| 決算年月 | | 2019年1月 | 2020年1月 | 2021年1月 | 2022年1月 | 2023年1月 |
| 売上高 | （百万円） | 1,172,519 | 1,202,918 | 1,055,305 | 1,150,364 | 1,203,804 |
| 経常利益 | （百万円） | 117,264 | 103,978 | 88,414 | 123,196 | 132,806 |
| 当期純利益 | （百万円） | 79,710 | 66,181 | 70,001 | 96,279 | 115,222 |
| 資本金 | （百万円） | 202,591 | 202,591 | 202,591 | 202,591 | 202,591 |
| 発行済株式総数 | （株） | 690,683,466 | 690,683,466 | 684,683,466 | 684,683,466 | 684,683,466 |
| 純資産額 | （百万円） | 859,499 | 867,282 | 875,107 | 903,230 | 920,510 |
| 総資産額 | （百万円） | 1,594,268 | 1,580,475 | 1,602,411 | 1,634,066 | 1,496,839 |
| 1株当たり純資産額 | （円） | 1,247.50 | 1,267.72 | 1,284.09 | 1,337.96 | 1,389.67 |
| 1株当たり配当額 | （円） | 79.00 | 81.00 | 84.00 | 90.00 | 110.00 |
| （1株当たり中間配当額） | （円） | (39.00) | (40.00) | (45.00) | (43.00) | (52.00) |
| 1株当たり当期純利益 | （円） | 115.60 | 96.39 | 102.63 | 142.20 | 172.66 |
| 潜在株式調整後1株当たり当期純利益 | （円） | 115.45 | 96.29 | 102.54 | 142.13 | 172.59 |
| 自己資本比率 | （%） | 53.86 | 54.84 | 54.58 | 55.26 | 61.49 |
| 自己資本利益率 | （%） | 9.32 | 7.67 | 8.04 | 10.83 | 12.64 |
| 株価収益率 | （倍） | 14.07 | 24.49 | 19.67 | 16.28 | 14.20 |
| 配当性向 | （%） | 68.34 | 84.03 | 81.85 | 63.29 | 63.71 |
| 従業員数 | （人） | 14,616 | 14,801 | 15,071 | 15,017 | 14,932 |
| 株主総利回り | （%） | 85.3 | 126.2 | 113.3 | 132.6 | 144.9 |
| （比較指標：配当込みTOPIX） | （%） | (87.2) | (96.1) | (105.7) | (113.2) | (121.1) |
| 最高株価 | （円） | 2,027 | 2,475 | 2,457.5 | 2,567 | 2,594.5 |
| 最低株価 | （円） | 1,530 | 1,583 | 1,551 | 1,990.5 | 2,163.5 |

1 記載金額は，単位未満の端数を切り捨てて表示しています。

2 最高株価及び最低株価は，2022年4月4日以降は東京証券取引所（プライム市場）におけるものであり，2022年4月3日以前は東京証券取引所（市場第一部）におけるものです。

3 「『税効果会計に係る会計基準』の一部改正」（企業会計基準第28号 平成30年2月16日）等を第69期の期首から適用しており，第68期に係る主要な経営指標等については，当該会計基準等を遡って適用した後の指標等となっています。

4 「収益認識に関する会計基準」（企業会計基準第29号 2020年3月31日）等を第72期の期首から適用しており，第72期に係る主要な経営指標等については，当該会計基準等を適用した後の指標等となっています。

## 2 沿革

当社（1969年3月，商号を昭和殖産株式会社より積水ハウス株式会社に変更）は1969年5月，大阪市北区玉江町2丁目2番地所在の積水ハウス株式会社（旧積水ハウス株式会社）を吸収合併（旧積水ハウス株式会社の株式額面変更のため）しましたが，合併期日前の当社は休業状態であったため，企業の実体は，旧積水ハウス株式会社が合併後もそのまま存続しているのと同様の状態にあります。従って，以下の沿革における，上記合併前の当社に関する内容は，実体会社である旧積水ハウス株式会社のものを記載しています。

| | |
|---|---|
| 1960年8月 | ・プレハブ住宅の事業化を計画，資本金1億円にて積水ハウス産業株式会社として発足 |
| 1961年7月 | ・滋賀県栗太郡栗東町（現栗東市）に滋賀工場を設置，操業を開始（2009年3月生産機能停止） |
| 1963年10月 | ・社名を積水ハウス株式会社と商号変更 |
| 1969年5月 | ・株式額面変更のため積水ハウス株式会社（昭和殖産株式会社が1969年3月商号変更）に吸収合併 |
| 1970年8月 | ・株式を東京，大阪証券取引所市場第二部へ上場<br>・茨城県猿島郡総和町（現古河市）に関東工場を設置，操業を開始 |
| 1971年6月 | ・東京，大阪証券取引所市場第一部へ指定替え |
| 1972年8月 | ・株式を名古屋証券取引所市場第一部へ上場 |
| 1973年8月 | ・山口市に山口工場を設置，操業を開始 |
| 1975年6月 | ・本店を大阪市北区玉江町2丁目2番地から大阪市北区中之島6丁目6番地（1978年2月1日より住居表示実施に伴い大阪市北区中之島6丁目2番27号に変更）に移転 |
| 1976年3月 | ・積和不動産株式会社を設立 |

(point) 沿革

どのように創業したかという経緯から現在までの会社の歴史を年表で知ることができる。過去に行った重要なM&Aなどがいつ行われたのか，ブランド名はいつから使われているのか，いつ頃から海外進出を始めたのか，など確認することができて便利だ。

| 1977年2月 | ・積和不動産株式会社（1982年3月に関西積和不動産株式会社に商号変更）を設立 |
|---|---|
| 1980年8月 | ・積和不動産株式会社（1982年3月に九州積和不動産株式会社に商号変更）を設立 |
| 1980年10月 | ・静岡県小笠郡大東町（現掛川市）に静岡工場を設置，操業を開始 |
| 1981年2月 | ・積和不動産株式会社（1981年6月に中部積和不動産株式会社に商号変更）を設立 |
| 1982年8月 | ・中国積和不動産株式会社を設立 |
| 1983年8月 | ・東北積和不動産株式会社を設立 |
| 1985年7月 | ・兵庫県加東郡東条町（現加東市）に兵庫工場を設置，操業を開始 |
| 1993年5月 | ・本店を大阪市北区中之島6丁目2番27号から大阪市北区大淀中一丁目1番88号に移転 |
| 1995年8月 | ・積水ハウス木造株式会社を吸収合併 |
| 1997年8月 | ・宮城県加美郡色麻町に東北工場を設置，操業を開始 |
| 2000年8月 | ・東北積和不動産株式会社，中部積和不動産株式会社，関西積和不動産株式会社，中国積和不動産株式会社並びに九州積和不動産株式会社の各社が，それぞれ商号を積和不動産東北株式会社，積和不動産中部株式会社，積和不動産関西株式会社，積和不動産中国株式会社並びに積和不動産九州株式会社へと変更 |
| 2001年2月 | ・積水ハウス北陸株式会社，積水ハウス四国株式会社，積水ハウス山梨株式会社並びに積水ハウス山陰株式会社を吸収合併 |
| 2001年3月 | ・スポンサー付ADR（American Depositary Receipts／米国預託証券）の店頭取引開始 |
| 2005年2月 | ・積和不動産株式会社，積和不動産関西株式会社，積和不動産中部株式会社，積和不動産中国株式会社，積和不動産九州株式会社並びに積和不動産東北株式会社の各社を株式交換により完全子会社化<br>・積水ハウスリフォーム株式会社へ会社分割によりリフォーム事業を分社化 |
| 2005年5月 | ・積和不動産札幌株式会社を設立（2009年8月積和不動産株式会社に吸収合併） |
| 2008年12月 | ・SEKISUI HOUSE AUSTRALIA HOLDINGS PTY LIMITED を設立 |
| 2010年3月 | ・積水ハウス・SIアセットマネジメント株式会社（2017年3月に積水ハウス・アセットマネジメント株式会社に商号変更）を株式取得により子会社化 |
| 2010年5月 | ・NORTH AMERICA SEKISUI HOUSE,LLC を設立 |
| 2011年1月 | ・積水好施新型建材（瀋陽）有限公司を設立 |
| 2011年12月 | ・積水ハウスフィナンシャルサービス株式会社を設立 |

| 2013年8月 | ・積和不動産株式会社を積和不動産株式会社及び積和不動産関東株式会社へ会社分割 |
|---|---|
| 2014年2月 | ・積水ハウス投資顧問株式会社を設立 |
| 2014年11月 | ・積和グランドマスト株式会社を設立 |
| 2016年8月 | ・積水ハウスリフォーム株式会社を積水ハウスリフォーム東日本株式会社，積水ハウスリフォーム中日本株式会社（積水ハウスリフォーム株式会社から商号変更），積水ハウスリフォーム西日本株式会社の3社に分割 |
| 2017年3月 | ・WOODSIDE HOMES COMPANY,LLC を完全子会社化<br>・積水ハウス信託株式会社を設立 |
| 2018年5月 | ・積水ハウス投資顧問株式会社が，積水ハウス・アセットマネジメント株式会社と合併し，積水ハウス・アセットマネジメント株式会社に商号変更 |
| 2019年10月 | ・鳳ホールディングス株式会社（株式会社鴻池組の持株会社）を連結子会社化 |
| 2020年2月 | ・積和不動産株式会社が積和不動産関東株式会社と合併し積水ハウス不動産東京株式会社に，積和不動産関西株式会社は積水ハウス不動産関西株式会社，積和不動産中部株式会社は積水ハウス不動産中部株式会社，積和不動産中国株式会社は積水ハウス不動産中国四国株式会社，積和不動産九州株式会社は積水ハウス不動産九州株式会社，積和不動産東北株式会社は積水ハウス不動産東北株式会社に，それぞれ商号変更<br>・積水ハウスノイエ株式会社が営業開始 |
| 2020年10月 | ・株式会社鴻池組が鳳ホールディングス株式会社を合併 |
| 2020年11月 | ・積水ハウスリフォーム中日本株式会社が，積水ハウスリフォーム東日本株式会社及び積水ハウスリフォーム西日本株式会社と合併し，積水ハウスリフォーム株式会社に商号変更 |
| 2021年12月 | ・HOLT GROUP HOLDINGS,LLC が THE HOLT GROUP,INC. 等の株式等を取得 |
| 2022年2月 | ・積水ハウス不動産グループについて，積水ハウス不動産ホールディングス株式会社による中間持株会社体制を中心とした組織再編を実施し，積水ハウス不動産6社への出資持分は全て間接保有となり，積水ハウス不動産東京株式会社が積和グランドマスト株式会社を合併 |
| 2022年4月 | ・東京証券取引所プライム市場，名古屋証券取引所プレミア市場へ移行 |
| 2022年7月 | ・CHESMAR HOLDINGS, LLC が CHESMAR HOMES, LLC 等の持分を取得 |

 **事業の内容**

　会社の事業がどのようにセグメント分けされているか，そして各セグメントではどのようなビジネスを行っているかなどの説明がある。また最後に事業の系統図が載せてあり，本社，取引先，国内外子会社の製品・サービスや部品の流れが分かる。ただセグメントが多いコングロマリットをすぐに理解するのは簡単ではない。

## 3　事業の内容

　当社グループ（当社及び当社の関係会社）は，当社，連結子会社345社及び持分法適用関連会社40社で構成され，戸建住宅事業，賃貸住宅事業，建築・土木事業，リフォーム事業，不動産フィー事業，分譲住宅事業，マンション事業，都市再開発事業，国際事業等に関連する事業活動を行っています。当社グループの各事業における位置付けは次のとおりです。

　また，各事業に関わる主な関係会社については，事業系統図に記載しています。

### （1）　戸建住宅事業
　戸建住宅の設計，施工の請負を行っています。

### （2）　賃貸住宅事業
　賃貸住宅，事業用建物等の設計，施工の請負を行っています。

### （3）　建築・土木事業
　RC造による賃貸住宅及び事業用建物等の建築工事及び土木工事の設計，施工の請負を行っています。

### （4）　リフォーム事業
　住宅等の増改築を行っています。

### （5）　不動産フィー事業
　不動産の転貸借，管理，運営及び仲介等を行っています。

### （6）　分譲住宅事業
　住宅，宅地の分譲，分譲宅地上に建築する住宅の設計，施工の請負を行っています。

### （7）　マンション事業
　マンションの分譲を行っています。

### （8）　都市再開発事業
　オフィスビル，商業施設等の開発，保有不動産の管理，運営を行っています。

### （9）　国際事業
　海外において戸建住宅の請負，分譲住宅及び宅地の販売，マンション及び商業施設等の開発，分譲を行っています。

### （10）　その他
　エクステリア事業等を行っています。

〔事業系統図〕

　以上，述べた事項を事業系統図によって示すと，次のとおりです。

## 4 関係会社の状況

| 名称 | 住所 | 資本金 (百万円) | 主要な事業の内容 | 議決権の所有割合 (%) | 役員の兼任等 | 資金援助 | 営業上の取引 | 設備の賃貸借 |
|---|---|---|---|---|---|---|---|---|
| (連結子会社) | | | | | | | | |
| 積水ハウス不動産ホールディングス㈱ (※2) | 大阪市北区 | 100 | 分譲住宅事業 不動産フィー事業 | 100.0 | 有 | 無 | — | 有 |
| 積水ハウス不動産東北㈱ (※2) | 仙台市青葉区 | 200 | 分譲住宅事業 不動産フィー事業 | 100.0 (100.0) | 有 | 無 | 当社顧客の不動産の賃貸借、管理委託及び不動産の売買他 | 有 |
| 積水ハウス不動産東京㈱ (※2) | 東京都渋谷区 | 2,238 | 分譲住宅事業 不動産フィー事業 | 100.0 (100.0) | 有 | 無 | 同上 | 有 |
| 積水ハウス不動産中部㈱ (※2) | 名古屋市中村区 | 1,368 | 分譲住宅事業 不動産フィー事業 | 100.0 (100.0) | 有 | 無 | 同上 | 有 |
| 積水ハウス不動産関西㈱ (※2) | 大阪市北区 | 5,829 | 分譲住宅事業 不動産フィー事業 | 100.0 (100.0) | 有 | 無 | 同上 | 有 |
| 積水ハウス不動産中国四国㈱ (※2) | 広島市中区 | 379 | 分譲住宅事業 不動産フィー事業 | 100.0 (100.0) | 有 | 無 | 同上 | 有 |
| 積水ハウス不動産九州㈱ (※2) | 福岡市博多区 | 263 | 分譲住宅事業 不動産フィー事業 | 100.0 (100.0) | 有 | 無 | 同上 | 有 |
| 積水ハウス信託㈱ | 東京都渋谷区 | 450 | 不動産フィー事業 | 95.0 | 有 | 無 | 当社顧客に対する不動産の管理型信託 | 有 |
| 積水ハウスリフォーム㈱ | 大阪市北区 | 100 | リフォーム事業 | 100.0 | 有 | 無 | リフォーム工事の請負 | 有 |
| 積水ハウスフィナンシャルサービス㈱ | 大阪市北区 | 100 | その他 | 100.0 | 有 | 無 | | 有 |
| 積水ハウス ノイエ㈱ | 大阪市北区 | 100 | 戸建住宅事業 | 100.0 | 有 | 無 | 戸建住宅の請負 | 有 |
| 積水ハウス梅田オペレーション㈱ | 大阪市北区 | 100 | その他 | 100.0 | 有 | 無 | 不動産の管理委託 | 有 |
| 積水ハウス・アセットマネジメント㈱ | 東京都港区 | 400 | 不動産フィー事業 | 100.0 | 有 | 無 | | 有 |
| ㈱鴻池組 | 大阪市中央区 | 5,350 | 建築・土木事業 | 81.4 | 無 | 無 | 建築・土木工事等の請負 | 無 |
| SEKISUI HOUSE AUSTRALIA HOLDINGS PTY LIMITED (※1) | 豪州ニューサウスウェールズ州 | 百万AUD 1,087 | 国際事業 | 100.0 | 有 | 無 | | 無 |
| SEKISUI HOUSE US HOLDINGS, LLC (※1) | 米国カリフォルニア州 | 百万USD 2,038 | 国際事業 | 100.0 | 有 | 無 | | 無 |
| NORTH AMERICA SEKISUI HOUSE, LLC (※1) | 米国カリフォルニア州 | 百万USD 1,233 | 国際事業 | 100.0 (100.0) | 有 | 無 | | 無 |
| SH RESIDENTIAL HOLDINGS, LLC (※1) | 米国カリフォルニア州 | 百万USD 1,328 | 国際事業 | 100.0 (100.0) | 有 | 無 | | 無 |
| WOODSIDE HOMES COMPANY, LLC (※1) | 米国ユタ州 | 百万USD 206 | 国際事業 | 100.0 (100.0) | 有 | 無 | | 無 |
| HOLT GROUP HOLDINGS, LLC (※1) | 米国ワシントン州 | 百万USD 344 | 国際事業 | 100.0 (100.0) | 有 | 無 | | 無 |
| CHESMAR HOLDINGS, LLC (※1) | 米国テキサス州 | 百万USD 503 | 国際事業 | 100.0 (100.0) | 有 | 無 | | 無 |
| 積水置業（瀋陽）有限公司 (※1) | 中国遼寧省瀋陽市 | 百万USD 219 | 国際事業 | 100.0 | 有 | 無 | | 無 |
| 積水好施置業（瀋陽）有限公司 (※1) | 中国遼寧省瀋陽市 | 百万元 1,568 | 国際事業 | 100.0 | 有 | 無 | | 無 |
| その他322社 | | | | | | | | |

---

**関係会社の状況**

主に子会社のリストであり，事業内容や親会社との関係についての説明がされている。特に製造業の場合などは子会社の数が多く，すべてを把握することは難しいが，重要な役割を担っている子会社も多くある。有報の他の項目では一度も触れられていない場合が多いので，気になる会社については個別に調べておくことが望ましい。

| 名称 | 住所 | 資本金(百万円) | 主要な事業の内容 | 議決権の所有割合(%) | 関係内容 役員の兼任等 | 関係内容 資金援助 | 関係内容 営業上の取引 | 関係内容 設備の賃貸借 |
|---|---|---|---|---|---|---|---|---|
| (持分法適用関連会社) アルメタックス㈱ (※3) | 大阪市北区 | 2,160 | 住宅建材製品の製造及び販売 | 36.10 | 無 | 無 | 建築資材の売買 | 有 |
| 日本パワーファスニング㈱ (※3) | 大阪府箕面市 | 100 | 住宅建材製品の製造及び販売 | 24.43 | 無 | 無 | 同上 | 無 |
| その他38社 | | | | | | | | |

(注) 1 連結子会社の主要な事業の内容欄には，セグメントの名称を記載しています。

2 議決権の所有割合の（ ）内は，間接所有割合で内数です。

3 ※1 特定子会社に該当します。なお，（連結子会社）その他に含まれる会社のうち特定子会社に該当する会社は，NASH TDC-I Holdings, LLC，NASH‑Roadside 3900 Wisconsin, LLC（米国子会社2社）です。

4 ※2 積水ハウス不動産グループについて，当社100％出資の積水ハウス不動産ホールディングス（株）による中間持株会社体制を中心とした組織再編を行いました。2022年2月1日付で，積水ハウス不動産6社への出資持分は，全て間接保有となり，また，積和グランドマスト（株）は積水ハウス不動産東京（株）に合併しました。

5 ※3 有価証券報告書提出会社です。

6 積水常成（蘇州）房地産開発有限公司は，2022年6月8日付で清算しました。

7 積水置業（無錫）有限公司は，2022年10月31日付で清算しました。

8 積水ハウス不動産東京（株）については，売上高（連結会社相互間の内部売上高を除く）の連結売上高に占める割合が10％を超えています。

| 主要な損益情報等 | | |
|---|---|---|
| (1) 売上高 | 342,153 | 百万円 |
| (2) 経常利益 | 35,204 | 百万円 |
| (3) 当期純利益 | 27,817 | 百万円 |
| (4) 純資産額 | 90,857 | 百万円 |
| (5) 総資産額 | 164,628 | 百万円 |

(point) 従業員の状況

　　主力セグメントや，これまで会社を支えてきたセグメントの人数が多い傾向があるのは当然のことだろう。上場している大企業であれば平均年齢は40歳前後だ。また労働組合の状況にページが割かれている場合がある。その情報を載せている背景として，労働組合の力が強く，人数を削減しにくい企業体質だということを意味している。

## 5 従業員の状況

### （1） 連結会社の状況 ···············································

2023年1月31日現在

| セグメントの名称 | 従業員数（人） |
|---|---:|
| 戸建住宅事業 | |
| 賃貸住宅事業 | 15,966 |
| 分譲住宅事業 | |
| 建築・土木事業 | 2,695 |
| リフォーム事業 | 2,921 |
| 不動産フィー事業 | 3,346 |
| マンション事業 | 233 |
| 都市再開発事業 | 66 |
| 国際事業 | 1,469 |
| その他 | 717 |
| 全社（共通） | 1,639 |
| 合計 | 29,052 |

（注）1　従業員数は，就業人員数です。

　　　2　臨時従業員の総数が従業員数の100分の10未満のため，平均臨時従業員数の記載は省略しています。

　　　3　戸建住宅事業，賃貸住宅事業及び分譲住宅事業においては，セグメントごとの経営組織体系を有していないため，同一の従業員が各々の事業に従事しています。

　　　4　全社（共通）として記載されている従業員数は，主に当社の本社部門などに所属している人員です。

## (2) 提出会社の状況 ·······················································

| 従業員数(人) | 平均年齢(歳) | 平均勤続年数(年) | 平均年間給与(円) |
|---|---|---|---|
| 14,932 | 43.6 | 16.8 | 8,342,460 |

| セグメントの名称 | 従業員数(人) |
|---|---|
| 戸建住宅事業 | |
| 賃貸住宅事業 | 13,139 |
| 分譲住宅事業 | |
| 建築・土木事業 | 239 |
| マンション事業 | 218 |
| 都市再開発事業 | 66 |
| 国際事業 | 52 |
| 全社(共通) | 1,218 |
| 合計 | 14,932 |

(注) 1 従業員数は,就業人員数です。
2 臨時従業員の総数が従業員数の100分の10未満のため,平均臨時従業員数の記載は省略しています。
3 平均年間給与は,賞与及び基準外賃金を含んでいます。
4 戸建住宅事業,賃貸住宅事業及び分譲住宅事業においては,セグメントごとの経営組織体系を有していないため,同一の従業員が各々の事業に従事しています。
5 全社(共通)として記載されている従業員数は,主に本社部門などに所属している人員です。

## (3) 労働組合の状況 ·······················································

　当社においては労働組合は結成されていませんが,一部の連結子会社において労働組合が結成されています。なお,労働組合の有無にかかわらず労使関係は円満に推移しています。

---

(point) **業績等の概要**

　この項目では今期の売上や営業利益などの業績がどうだったのか,収益が伸びたあるいは減少した理由は何か,そして伸ばすためにどんなことを行ったかということがセグメントごとに分かる。現在,会社がどのようなビジネスを行っているのか最も分かりやすい箇所だと言える。

## ■ 事業の状況

### 1  経営方針，経営環境及び対処すべき課題等

　文中の将来に関する事項は，当連結会計年度末現在において当社グループが判断したものです。

#### （1）　会社の経営の基本方針 ················································

　私たち積水ハウスグループは，企業理念として，根本哲学を「人間愛」，基本姿勢を「真実・信頼」，目標を「最高の品質と技術」，事業の意義を「人間性豊かな住まいと環境の創造」に据えています。

　根本哲学である「人間愛」とは，「人間は夫々かけがえのない貴重な存在であると云う認識の下に，相手の幸せを願いその喜びを我が喜びとする奉仕の心を以て何事も誠実に実践する事」であり，積水ハウスグループは，この「人間愛」に根差し，「真実・信頼」を旨として，「最高の品質と技術」の提供を通して，「人間性豊かな住まいと環境の創造」という使命を担ってまいります。

　このような企業理念のもと，1960年の創業以来，第1フェーズ（1960年～1990年）「住宅性能の向上」では「安全・安心」な住宅を，第2フェーズ（1990年～2020年）「先進的技術の開発」では「快適性・環境配慮」を追求し続けてきました。

　現在は，"「わが家」を世界一幸せな場所にする"というグローバルビジョンのもと，2020年からの30年を第3フェーズ「高付加価値の提供」として，「健康・つながり・学び」を追求し，事業を通じて「お客様の幸せ」「社会の幸せ」「従業員の幸せ」を提供することで「人生100年時代の幸せ」を担う社会づくりを目指しています。

#### （2）　優先的に対処すべき事業上及び財務上の課題ならびに中長期的な会社の経営戦略 ··························································

　世界経済は，各国のインフレ継続や金融引き締め政策，ならびに為替変動や地政学リスクが，エネルギーや原材料価格及び調達コストに与える影響に注視が必要な状況が継続するものと見られます。

国内の住宅市場では，人生100年時代の到来やWith/Afterコロナ等によるライフスタイル・価値観の多様化，気候変動に伴う自然災害の激甚化，及び長期優良住宅の認定制度の見直しや建築物省エネ法の改正等を背景に，省エネルギー性能が高い住宅等，安全・安心と快適性・環境配慮を両立する高品質な住宅へのニーズが高まることが想定され，多様化する顧客のニーズへの対応が求められます。

　また，アメリカの住宅市場では，インフレと金利上昇の影響により住宅市場は調整局面にあるものの，良質な住宅の供給不足を背景とした潜在的な需要は強く，経済環境の安定とともに回復することが想定される新築住宅需要の顕在化への対応が求められます。

　当社は，このような事業上の課題認識に基づき，2050年を見据えたグローバルビジョン"「わが家」を世界一幸せな場所にする"のもと，「国内の"安定成長"と海外の"積極的成長"」を基本方針とする第6次中期経営計画（2023年度～2025年度）を策定しました。

　当社グループのコアコンピタンスである「技術力」「施工力」「顧客基盤」と，商品・技術開発から，営業・設計・施工・アフターサービスまで，住まいづくりに関わるすべてのプロセスを当社グループが担う独自のバリューチェーンを活かし，既存事業の深化と拡張を図ります。

　また，日本で培った積水ハウステクノロジーの移植による海外での事業展開や，社会・事業環境の変化への対応やデジタル技術の活用による新規事業の開拓と拡張を推進します。

　加えて，従業員のキャリア自律支援やベクトルの一致，ダイバーシティ＆インクルージョンの推進等の取り組みを通じ，当社グループの更なる人財価値の向上を図り，グローバル企業としての成長を加速させます。

　財務面においては，資本効率を意識した成長投資の推進と財務健全性のバランスを保つことが重要という認識のもと，キャッシュリターン創出力の強化によるROE向上と，ESG経営推進の相乗効果により企業価値の向上を目指します。

　成長投資は，国内外の不動産投資と，人財，IT・DX，研究開発，M&A等への成長基盤投資を積極的に実施します。財務健全性は，D/Eレシオと債務償還年数（Net Debt/EBITDA倍率）を適正な水準でコントロールすることで国内信用格

付AA格，ならびに外国信用格付A格を維持しつつ，更なる成長に向けた投資余力の確保に努めます。株主還元については，中期的な平均配当性向を40%以上とする従来方針に加え，株主還元の更なる安定性向上を図るべく第6次中期経営計画期間の一株当たり配当金の下限を年間110円（2022年度実績）とするとともに，機動的な自己株式取得の実施により株主価値向上を図ります。

### ■ 各ビジネスモデルの事業方針と戦略

上記の事業上及び財務上の課題に対応するため，事業戦略と組織の連動性を高め，資本効率の向上を図ることを目的として2023年度よりセグメント構成を見直し，以下のとおり事業戦略（*1）を策定しました。

| セグメント | | 事業方針と戦略 |
|---|---|---|
| 請負型ビジネスモデル | 戸建住宅 | 価格レンジ別戦略の深化により戸建住宅ブランドの強化を図る<br>■ 3ブランド戦略の深化<br>■ CRM（*2）戦略の推進<br>■ ハード・ソフト・サービスの融合 |
| | 賃貸・事業用建物 | エリア戦略に基づく高付加価値物件を供給し，シャーメゾンブランド向上を図る<br>■ エリアマーケティング強化<br>■ 高付加価値シャーメゾン<br>■ CRE（法人）・PRE（公共団体）事業（*3）強化 |
| | 建築・土木 | 環境対応・技術力をドライバーに，顧客・社会への持続的な価値創出の安定基盤を築く<br>■ 建築：受注チャネルの拡大・深化<br>■ 土木：環境・技術による差異化 |
| ストック型ビジネスモデル | 賃貸住宅管理 | オーナー様・入居者様への充実したサービスを提供するプロパティ・マネジメントを実践する<br>■ オーナー向け：資産価値の最大化<br>■ 入居者向け：サービスの強化 |
| | リフォーム | 累積建築250万戸から形成される住宅ストックの資産価値向上と長寿命化を提案<br>■ 戸建住宅：大型リフォーム強化<br>■ 賃貸住宅：資産価値向上リノベーション |
| 開発型ビジネスモデル | 仲介・不動産 | 徹底したエリアマーケティングと中長期視点の投資判断により，都市と地方の開発を実施<br>■ 四大都市圏の都市再開発<br>■ 地方創生に資する開発事業 |
| | マンション | |
| | 都市再開発 | |
| 国際事業 | | 開発事業中心型から開発事業・戸建住宅事業を両輪とする2本柱の事業ポートフォリオとするべく，戸建住宅事業の積極的な成長戦略を継続する。米国・豪州を中心に戸建住宅事業で，2025年までに海外での供給戸数1万戸を目指す。開発事業においてはパートナーとの連携強化及び多様化により利益最大化と安定化を目指す。<br>■ アメリカ<br>戸建住宅・コミュニティ開発：M&Aにより販売エリアを拡大し，商品・生活提案を含む一気通貫のテクノロジー移植を総合的に進める<br>賃貸住宅開発：事業エリアとパートナーシップの多様化を図りながら新規開発を推進する<br>■ オーストラリア<br>エリア戦略とブランド確立で，国際事業の2本目の柱に拡大<br>■ シンガポール<br>有力なアジア企業との緊密なパートナーシップ<br>■ 英国<br>M&Aによる技術・事業の進出 |

*1　第6次中期経営計画の詳細は，当社ホームページにてご確認ください。
　　＜中期経営計画＞
　　https://www.sekisuihouse.co.jp/company/financial/plan/index.html
*2　CRM：Customer Relationship Management。顧客から得られた情報を一元的に管理し，適時適切に活用することによって，顧客との良好な関係を構築・維持し，価値創出と収益向上をめざすマネジメントの仕組み・手法
*3　CRE・PRE事業：Corporate Real Estate（企業不動産），Public Real Estate（公的不動産）を指し，法人・企業・公共団体・行政機関の保有する不動産の有効活用を提案する事業

## （3）　目標とする経営指標 ·············

### ①　資本効率及び財務健全性

　ROE　　　　　：11％以上を安定的に創出
　信用格付け　　：国内AA格・外国A格の確保

　当社は，国内AA格・外国A格を確保すべくD/Eレシオ0.5倍程度，債務償還年数（Net Debt/EBITDA 倍率）1.5年を下回る水準を目途とし，積極的な成長投資と財務健全性のバランス保持に努めます。

### ②　2024年1月期 業績目標

（単位：億円）

| | 2023年1月期 実績 | 2024年1月期 計画 | 増減額 | 増減率 |
|---|---|---|---|---|
| 売上高 | 29,288 | 30,800 | 1,511 | 5.2% |
| 営業利益 | 2,614 | 2,650 | 35 | 1.3% |
| 経常利益 | 2,572 | 2,590 | 17 | 0.7% |
| 親会社株主に帰属する当期純利益 | 1,845 | 1,930 | 84 | 4.6% |
| EPS（1株当たり当期純利益） | 276.58円 | 295.05円 | 18.47円 | 6.7% |
| ROA（総資産事業利益率） | 9.1% | 8.8% | — | — |
| ROE（自己資本利益率） | 11.9% | 11.6% | — | — |
| 1株当たり配当金 | 110.00円 | 118.00円 | 8.00円 | 7.3% |
| 配当性向 | 39.8% | 40.0% | — | — |

## （4）　サステナビリティに関する考え方及び取組み ·············

### ①　サステナビリティの基本方針と取組み

　当社グループは，長期ビジョンの目標年である2050年に向けたNEXT SEKISUI HOUSE「30年ビジョン」を基礎として，"「わが家」を世界一幸せな

場所にする"をグローバルビジョンとして掲げ，住を基軸に，融合したハード・ソフト・サービスを提供するグローバル企業として，お客様，社会，従業員の「幸せ」を最大化する取り組みを推進します。

　ビジョンの達成のために「ESG（環境・社会・ガバナンス）経営のリーディングカンパニー」を目指し，取締役会は，ESGの取組みを当社グループの経営基盤を支える重点項目と定め，中期経営計画に織り込んで推進しています。

　当社グループは，取締役会での決議を経て，ESG経営を進めるにあたってのマテリアリティ（重要課題）として「良質な住宅ストックの形成」，「持続可能な社会の実現」，「ダイバーシティ＆インクルージョン」を特定し，マテリアリティの取り組みに向けたテーマとKPIを掲げています。

　また，当社グループは，サステナビリティを軸に，当社の価値創造に影響をもたらす中長期の課題を分析し，リスク要因を洗い出すとともに，リスクを将来の事業創出の機会と位置付け，中長期の事業戦略立案に繋げています。

　取締役会は，専門的な知見を有する2名以上の社外委員を含むESG推進委員会を設置し，ESG経営の取り組みの進捗と課題等についての意見交換を通じて実効性を高めています。ESG推進委員会は3ヵ月に1回のペースで開催し，内容は取締役会に報告され，審議されています。また，リスクに関する内容については，リスク管理委員会にも共有し，グループ全体のリスク管理体制の中で検討・管理しています。

　ESG推進委員会では，その推進を担う3つの部会，「E：環境事業部会」「S：社会性向上部会」「G：ガバナンス部会」を設置，ESG3部会長には，それぞれ職責者を任命し，目標・KPIを設定しています。本3部会は，各部門・国内外のグループ会社と連携しながら，ESG経営の旗振り役として先導していくとともに，実効性ある取り組みを行います。そして，その取り組みについて，進捗報告と普及に向けた課題・改善提案のフィードバックを通じて，全従業員の理解・浸透を図ります。

　さらに，2020年6月に発足したESG経営推進本部が主管部署となり，ESG推進委員会での議論を踏まえ，当社内及び国内外のグループ会社と連携の上，ESG経営のさらなる推進を図っています。また，「全従業員参画」「先進的な取

---

**(point) 生産及び販売の状況**

　生産高よりも販売高の金額の方が大きい場合は，作った分よりも売れていることを意味するので，景気が良い，あるいは会社のビジネスがうまくいっていると言えるケースが多い。逆に販売額の方が小さい場合は製品が売れなく，在庫が増えて景気が悪くなっていると言える場合がある。

り組み」「社外評価向上」をESG経営推進の3要素として位置づけました。加えて，最大のポイントとなる「全従業員参画」のため，ESG経営の基盤づくりを実践する基本的な活動を「ESGベーシック」として従来の対話や研修を体系化するなど，全従業員が認知・理解・共感して行動につなげるためのプラットフォームを構築しました。

　また，当社グループは，社会課題へのアプローチを通じて，顧客価値最大の社会づくりとSDGsへの貢献を目指しています。

　サステナビリティについての取組み内容の詳細については，Value Report2022を発行し，当社WEBサイトで開示を行っていますのでご参照ください。なお，Value Report2023の発行は2023年6月を予定しています。

＜Value Report＞

https://www.sekisuihouse.co.jp/company/financial/library/annual/

② 気候変動に対する取組み（TCFD提言に沿った気候変動関連の情報開示）

　◇　ガバナンス

　当社グループでは，ESG経営に関わるあらゆる取り組みが社会の常識や期待と合致しているかをチェックしながら，その活動方針を定め推進する「ESG推進委員会」を取締役会諮問機関として設置し，3ヵ月に1回開催しています。気候変動対応は本委員会の重要議題の一つとして位置づけており，活動方針の妥当性や進捗状況の評価を行うとともに，重要事案については取締役会に報告しています。ESG推進委員会の傘下に，環境経営に関わる本社部門の職責部長および各事業部門の環境責任者を中心とした全社横断の「環境事業部会」を設置し，適時に開催しており，より具体的で詳細な検討を行っています。また，ESG推進委員会の決定事項は環境事業部会を通じて，関連会社を含む全グループに展開し浸透させています。

　ESG推進委員会を通じた経営層の監視の実効性確保のために，取り組みの推進は，各業務の担当取締役や経営層への日常的な報告と指示を経て進めており，これによってタイムリーな監視・監督機能を確保しています。

　◇　戦略

　当社グループは目指すべき事業全般の脱炭素化への歩みを着実に進めるため

に，今後起こり得るさまざまな事態を想定し，戦略の妥当性や課題を把握すべく，事業活動および資源の固有の状況や，物理的リスクについて想定される事業活動・期間・資産の耐用年数などを考慮したシナリオ分析を行っています。また，移行リスクについて法制化，技術開発，市況に係る潜在的なシナリオに基づき評価し，事業活動に与える気候関連のリスク（物理的リスクおよび移行リスク）と機会を抽出し，対応しています。

2021年度は，カーボンニュートラル達成に向けた日本の新たな温室効果ガス排出量削減目標として2030年までに2013年比46%削減が設定され，これに基づき住宅産業に関わる中長期にわたるさまざまな方向性も示されました。そのため，全事業を対象としてあらためて大規模なシナリオ分析を実施し，戦略の見直しを行っています。シナリオ分析により特定した，財務影響が大であると想定された主要なリスク・機会と対応を示します。

なお，ここで財務影響と想定期間については以下のとおり定義します。

財務影響 大：200億円以上，中：100億円以上，小：100億円未満

想定期間 短期：現在より3年まで，中期：2030年まで，長期：2050年まで

（主な移行リスク）

[影響] カーボンプライシングは世界で広く採用されている。日本においても政府による炭素税導入の検討がなされており，比較的早期に導入される可能性がある。（財務影響　大，想定時期　中期）

[対応] グループ全体やサプライヤー企業の事業活動における脱炭素に向けた取り組みは中期では道半ばであり，仮に炭素税や排出権取引単価が1万円／t-CO2程度かかると，その影響は大きい。RE100の推進，事務所や生産設備などの省エネルギー化，サプライヤーとの協働による建材製造段階のCO2排出削減など，すでにバリューチェーン全体においてさまざまな取り組みを始めており，この影響をできるだけ早期に減らしていく考え。

[影響] 長期的には，カーボンニュートラルに求められる規制強化に対応するための住宅価格の高騰，また省エネルギー性能や耐震性能に劣る住宅が減り，良質な住宅ストックの住み継ぎが増えることにより，新築市場自体が縮小

---

(point) **対処すべき課題**

有報のなかで最も重要であり注目すべき項目。今，事業のなかで何かしら問題があればそれに対してどんな対策があるのか，上手くいっている部分をどう伸ばしていくのかなどの重要なヒントを得ることができる。また今後の成長に向けた技術開発の方向性や，新規事業の戦略についての理解を深めることができる。

する可能性がある。(財務影響　大，想定時期　長期)

[対応] 当社の取り組みは先行しているため，短中期の規制強化に対する影響は小さい見込みだが，長期のさらなる規制強化に対しては，コストを抑えた脱炭素住宅の開発に計画的に取り組む必要がある。また，あわせて新築市場縮小に備え，ストック型ビジネスを強化する考え。


[影響] 管理物件の脱炭素化性能が十分でない物件は競争力を失い，入居率・家賃の低下につながる。(財務影響　大，想定時期　長期)

[対応] 管理物件のZEH住戸比率を高めるとともに，非ZEH住戸の脱炭素化リフォームを推進し，借り手に訴求力のある賃貸住宅の価値の維持・向上に努める。


(主な物理的リスク)

[影響] 全国規模での気象災害により，当社グループで保有する資産(工場，オフィスビルなどの事業拠点，生産設備や車両など)が罹災し，事業が継続できなくなる，また，補修や交換のための大きなコストが発生する可能性がある。(財務影響　大，想定時期　中期)

[対応] 当社グループは日本国内では沖縄県を除く全国で事業展開しており，本社機能を含み一部エリアで災害が起こった場合は，被害のないエリアがサポートすることで事業を継続できる体制をすでに構築済み。このような事業継続性に関するBCP対応は，リスク管理委員会により適切に管理され，必要に応じて更新している。なお，日本国内の5工場について河川氾濫ハザードマップまたは内水氾濫シミュレーションにより浸水深を想定して被害額を算定したところ，浸水被害を受ける可能性のあるのは兵庫工場を除く4工場であり，最も大きい被害が想定される関東工場についてIPCC(*1)RCP8.5シナリオに基づくさらに詳細な分析を行った結果，すでに加入済みの保険の補償範囲内であることを確認済み。ただし，今後，さらに自然災害の激甚化が増加し，大規模災害が全国で同時に発生した場合を想定すると，当社事業も甚大な被害が想定されることから，災害へのレジリ

---

(point) **事業等のリスク**

「対処すべき課題」の次に重要な項目。新規参入により長期的に価格競争が激しくなり企業の体力が奪われるようなことがあるため，その事業がどの程度参入障壁が高く安定したビジネスなのかなど考えるきっかけになる。また，規制や法律，訴訟なども企業によっては大きな問題になる可能性があるため，注意深く読む必要がある。

エンス性強化の検討は継続する。

*1 IPCC : Intergovernmental Panel on Climate Change。気候変動に関する政府間パネル

（主な機会）

[影響] 日本政府が家庭部門の温室効果ガス排出量を2030年までに2013年度比で66％削減することを目標に掲げるなど，ZEH・ZEBの普及は重要施策として位置づけられている。また，消費者のエシカル志向や，事業者の脱炭素指向が進み，今後ますますZEH・ZEBの需要が高まると考えられる。（財務影響　大，想定時期　中期）

[対応] 当社の戸建ZEH比率は90％を超えており，すでに標準仕様の状況。現在は，賃貸住宅・分譲マンションでも積極的に推進を始めている。これまで培った日本一のZEH受注実績を活かし，グループ全体においてZEH・ZEB受注を拡大していく。

[影響] 日本政府は2030年以降に新築されるすべての建物でZEH水準の省エネルギー性能を求める考えであり，いずれは賃貸住宅のZEH化が一般化する中，消費者のエシカル志向の高まりとともに，ZEH賃貸住戸のニーズが飛躍的に高まる可能性がある。（財務影響　大，想定時期　中期）

[対応] 当社は2018年に日本で初めて全住戸ZEH基準を満たす賃貸住宅を竣工して以来，入居者様に訴求できるZEH住戸の普及に取り組んでいる。すでに2万7千戸以上の受注実績があり，将来のエシカル消費者を中心とした賃貸ZEHの需要拡大に備えている。

[影響] 2030年までの政府目標「家庭部門の温室効果ガス排出量2013年比66％削減」の達成にはストックの省エネ改修も不可欠であり，さまざまな政策支援策も想定されるため，脱炭素リフォームの受注増加が見込まれる。（財務影響　大，想定時期　中期）

[対応] カスタマー対応，リフォーム提案などにより，断熱改修や燃料発電・蓄電池の受注は増加傾向にある。特に，居住エリア中心の部分的な断熱強化を行う「いどころ暖熱」は，工期やコストのお客様負担が少なく好評。こ

れらのリフォームは災害レジリエンス性を高める点も訴求している。今後も現実的に普及可能なリフォーム提案を推進していく考え。

◇　リスクマネジメント

　当社グループでは，グループ全体のリスクマネジメントプロセスの一環として，気候変動関連リスク及び機会を判断するための評価をTCFDの提言に基づき実施しています。リスクと機会の抽出は，グループ全体を対象に各事業の主幹部署を中心に行い，その結果は環境事業部会で集約し，財務影響評価を行っています。このプロセスに基づき特定した主要なリスクと機会については，取締役会の諮問機関であるESG推進委員会において検討した後に，取締役会に報告し，必要に応じてリスクの緩和・移動・受容・コントロールについて検討します。さらに，この結果はリスク管理委員会にも共有し，グループ全体のリスク管理体制の中で検討・管理しています。

◇　指標とターゲット

　当社グループでは，2008年に，2050年までに住まいからの$CO_2$排出ゼロを目指す「2050年ビジョン」を宣言し，事業活動全体において，再生可能エネルギーの利用も含めて$CO_2$排出収支ゼロを目指し，すでにさまざまな取り組みを開始しています。

　この目標達成へのマイルストーンとして，2030年までに企業が自社で直接排出するスコープ1（直接排出量：自社の工場・オフィス・車両など）とスコープ2（間接排出量：電力など自社で消費したエネルギー），およびスコープ3（カテゴリ11：供給した住宅の使用段階）における$CO_2$をそれぞれ2013年度比で50％，45％削減することを目指し，SBTより認定を受けています。さらに，スコープ1,2については，1.5℃目標に整合させるべく75％削減に目標を上方修正しています。

---

## スコープ１・スコープ２のGHG排出量

| 分類 | 排出量合計　t-CO$_2$e | 対象 |
|------|------|------|
| スコープ１ | 55,483 | 積水ハウス（単体）、国内外の主要な連結子会社（51社） |
| スコープ２ | 26,319 | 同上 |
| 合計 | 81,802 | 同上 |

集計期間＝2022年2月より2023年1月末

※　当社グループでは，2022年6月に発行したValue Report 2022において，詳細なTCFD提言に沿った情報開示を行っています。当社WEBサイトをご参照ください。
　　＜Value Report＞
　　https://www.sekisuihouse.co.jp/company/financial/library/annual/

※　また，Value Report 2023を2023年6月に発行する予定であり，本誌でより詳細なTCFD提言に沿った情報開示を行います。また，上記表のスコープ１・スコープ２のGHG排出量については有価証券報告書作成時点での暫定値であり，確定値，ならびに算定基準，スコープ3に掛かるGHG排出量等はValue Report 2023にて開示する予定です。

③　人的資本・多様性に関する取組み

◇　人財の育成，社内環境整備に関する方針

＜人財開発基本方針＞

　　グローバルビジョン"「わが家」を世界一幸せな場所にする"を実現するための人財理念として「積水ハウスを世界一幸せな会社にする」を掲げています。この実現に向け，「人財価値を最大化し，知と経験のD&I（ダイバーシティ＆インクルージョン）で事業成長を牽引する」を当社グループの人財開発基本方針と新たに定めました。

　　創業以来，創意と挑戦のDNAを受け継いだ当社グループでは，「人生100年時代の幸せ」を担うべく，人財価値と社会価値の向上により，さらなる企業価値の向上を目指します。

＜社内環境整備方針＞

　　「誰もが働くことに，やりがいや幸せを感じられる会社」を目指し，諸施策の整備を進めます。

◇　人財育成・社内環境整備の考え方及び主な取り組み

　　従業員の自律を支援し，自律した従業員と組織のベクトルを合わせて人財価

値を最大化することで，お客様の幸せと社会の幸せを実現したいと考え，"人財価値の向上＝「従業員の自律」×「ベクトルの一致」の向上"をグループ共通言語と新たに定め，トップメッセージを通じて，従業員への周知・浸透を図っています。

　また，人財価値向上のため，1）キャリア自律支援　2）DE&Iの推進　3）多様な働き方の推進　4）幸せの基盤づくり　5）企業理念と戦略を浸透するリーダーの育成　6）戦略に応じた人財の確保と適正配置　を重点項目として，2021年に着手した人事制度改革とともに，人財関連施策を立案・推進しています。

1）キャリア自律支援

　従業員が自らのキャリアビジョンを描き，その実現に向けて主体的にチャレンジできるよう，強力にサポートしています。2003年に開始したキャリア自律意識を醸成する各種研修については累計16,987名が受講し，自律的なキャリア形成に意欲を高めています。また，マネージャー職の責任範囲，職務内容，必要な知識・スキルを定めた職務記述書を作成し，従業員に公開しています。さらに，2022年からは人財公募制度もスタートし，グループ会社を含む多くの従業員が新たなキャリア機会にチャレンジしています。

　2021年から開始した創発型表彰制度第2回「SHIP」では，初年度よりも68.9％増の6,295名が参加，組織の壁をこえ，自ら提案したアイデアを具現化するプロセスをメンバーと楽しみ，数々の新たな価値を生み出しています。

2）DE&I（ダイバーシティ，エクイティ＆インクルージョン）の推進

　すべての人財がそれぞれの多様性を尊重し活かし合い，自身の能力を最大限に発揮することで生み出されるイノベーションを通じて従業員と企業がともに持続的に成長することを目指しています。従業員と企業のサステナブルな成長を図るため，2006年に「人材サステナビリティ」を宣言しました。「女性活躍の推進」「多様な人財の活躍」「多様な働き方の推進」をダイバーシティ推進方針の三つの柱とし，取り組みを進めてきました。

　2016年には「女性活躍推進法」に基づく「積水ハウスグループ女性活躍推進行動計画」を定めて活動を強化しました。2019年に目標を前倒しで達成し，

2021年に新たな目標を設定し，着実に実行しています。

　当社の女性活躍推進に向けた取り組みが評価され，経済産業省と東京証券取引所が共同で選定する「なでしこ銘柄」に6度選定されています。

　また，2020年4月には「積水ハウスグループ人権方針」を策定しました。従業員一人ひとりがお互いの多様性や価値観，働き方を認め合い，自由闊達なコミュニケーションが行われる職場環境づくりを目指して，具体的な方針や推進体制を定め，実行しています。

i) 女性活躍推進

　「住まい」を通じて社会課題の解決に貢献し，新たな価値を創造するために「女性の活躍」を重要な経営戦略のひとつと位置づけています。「積水ハウスグループ女性活躍推進行動計画目標」において，2025年度までにグループ全体※1で女性管理職を310名以上登用することを目標値としています。2023年1月末時点の女性管理職数は302名（4.6%）で第5次中期経営計画期間の目標に対し，116.2%の達成状況となっています。

　柔軟な働き方に代表される諸制度の整備の結果，2022年度には女性従業員正社員比率は，28.9%となり，建設業界平均14.2%※2の2倍超となっています。

※1　積水ハウス（株），積水ハウス不動産グループ，積水ハウス建設8社（2023年2月より積和建設15社を合併・商号変更），積水ハウスリフォーム（株），積水ハウス ノイエ（株）の合計
※2　2021年度建設業平均

ii) 社会人採用

　社会人採用も積極的に進めており，2022年度実績は603名を採用し，採用者全体に占める社会人採用者の割合は43.5%です。今後も引き続き，経営人財，DX人財，ガバナンス強化にかかわる人財等，多様性を強化する方針のもと，毎年の新規採用者に占める社会人採用者の割合を高めていく予定です。

iii) グローバル人財の活躍推進

　国籍を問わない人財採用と能力適性を考慮した積極的な登用を進めています。海外子会社においては，人員強化の観点から，現地採用を積極的に行い，優秀な現地採用者の重要ポストへの登用を進めています。2022

年には，米国戸建住宅事業持株会社にて現地採用者を社長に登用，その他重要ポジション※3へ5名登用しました。

※3　現地法人のC-Suiteポジション

3）多様な働き方の推進

従業員総活躍を目指し，さまざまな両立支援の推進は非常に重要であると考えます。介護や治療と仕事との両立を支援する制度整備，昼休憩時間を活用した事例紹介や外部専門家による情報提供機会の設定等を行っています。

育児と仕事の両立については，制度整備に加え，本人ならびに上司向けに職場の配慮事項等をまとめた情報の提供，メンターとつながる場の提供，職場復帰にむけた保育園情報の提供，復帰後の一時保育への補助金制度の拡充等に取り組んでいます。引き続き，人財活躍促進につながる諸施策の検討を進めます。

4）幸せの基盤づくり

従業員の幸せの源泉は健康の維持・増進であると位置づけ，「幸せ健康経営」に取り組んでいます。具体的には，ESG推進委員会の社会性向上部会の幸せ健康プロジェクト（2021年6月発足）が中心となり，健康保険組合，外部アドバイザー等と連携して，課題の抽出，全社方針の策定，具体施策の立案，全従業員への周知・浸透を図っています。AIによる健康診断結果活用サービスや自身の組織幸福度を可視化できる幸せ度調査を活用するなど，「幸せ健康経営」に取り組んだ結果，健康経営優良法人（ホワイト500）に3年連続（2020年〜2022年）認定されています。

また，「社員に幸せになってもらいたい」という想いに基づき，2018年より「男性社員1ヶ月以上の育児休業完全取得」を推進しています。社内全体の意識改革への取組みを強力に推進し，制度整備，家族や職場とのコミュニケーションツールの開発，申請システム整備等を行った結果，2019年2月の本格運用開始以降，期限を迎えた対象者全員（2023年1月末1,571人）が1ヶ月以上の育休取得を完了（2021年4月以降はグループ会社も全員取得）しています。また，「日本でも男性の育児休業取得が当たり前になる社会」を目指し，2019年より社外への情報発信も積極的に行っています。

---

（point）**設備投資等の概要**

セグメントごとの設備投資額を公開している。多くの企業にとって設備投資は競争力向上・維持のために必要不可欠だ。企業は売上の数％など一定の水準を設定して毎年設備への投資を行う。半導体などのテクノロジー関連企業は装置産業であり，技術発展のスピードが速いため，常に多額の設備投資を行う宿命にある。

5) 企業理念と戦略を浸透するリーダーの育成

　　当社グループとしてお客様と社会に幸せを届けるためには，自律した従業員に企業理念と事業戦略を浸透させ，組織力を生み出すリーダーの存在が不可欠です。組織成果創出力・人財育成力・組織活性化力等の強化のためのマネジメント対象の階層別研修を強化，実施しています。また，支店長・本社部長・工場長等の組織リーダー候補の選抜と育成を目的に2018年から実施している経営塾，2019年にスタートした若手（30〜35歳）リーダー候補者を育成する「SHINE! ChallengeProgram」によって，次世代のビジネスリーダーを計画的に生み出す土壌を作り，継続的に実施しています。

　　2021年からは執行役員，業務役員およびキーポジションの後継者候補を挙げ，全社的かつ多様な視点で透明度の高い議論を行うサクセッションプラン会議を開始しました。候補者全員の個別育成計画を立案し，定期的な進捗レビューを実施することでリーダーパイプラインのさらなる充実に努めています。

　　また，グループリーダー以上の全マネージャー職を対象に多面観察を実施しています。フィードバックされた結果を基に，マネジメント行動の変革に向けたアクションプランを作成し，定期的なコーチングによる内省を通じてマネジメント力の向上に取り組んでいます。

6) 戦略に応じた人財の確保と適正配置

　　各ビジネスユニットの事業戦略に基づく人財ニーズを把握し，適正配置を実現すべく，持続的成長に必要な人財の採用・育成を計画的に進めています。リファラル採用をはじめとする多様な手法や媒体を活用し，入社直後からの活躍を支援するオンボーディングプログラムを積極的に拡充しています。


　人的資本・多様性に関する取組み内容の詳細は当社WEBサイトの「Value Report2022」「ダイバーシティ＆インクルージョン」をご参照ください。なお，Value Report2023の発行は2023年6月を予定しています。

＜Value Report＞

https://www.sekisuihouse.co.jp/company/financial/library/annual/

---

(point) **主要な設備の状況**

　　「設備投資等の概要」では各セグメントの1年間の設備投資金額のみの掲載だが，ここではより詳細に，現在セグメント別，または各子会社が保有している土地，建物，機械装置の金額が合計でどれくらいなのか知ることができる。

＜ダイバーシティ＆インクルージョン＞

　　https://www.sekisuihouse.co.jp/diversity_inclusion/

## 2　事業等のリスク

### ◆リスク管理体制について

　当社グループの事業活動における重要なリスクを的確に把握するとともに，万一リスクが顕在化した際にはグループ事業への影響の低減に向けて適正に対応する体制を構築しています。事業運営上重要な「戦略リスク」や「財務リスク」については取締役会や経営会議等の会議体で検討しています。また，その他「事業運営リスク」や「ハザードリスク」に関しては，取締役会の諮問機関として，「リスク管理委員会」（委員長：代表取締役副社長執行役員）を設置して，リスク管理状況のモニタリングを進めています。

　当委員会は取締役会決議で選任された委員を中心に構成されており，原則月1回開催されています。委員会の活動として，関係部署へのヒアリング等からリスク評価を行い，重要リスク項目を選定した上で，その項目を主管する本社専門部署や会議体に対するモニタリング内容を踏まえ，リスク管理体制の整備状況の集約・検証及び必要な助言を行い，その内容を定期的に取締役会へ報告しています。委員会には内部監査部門からも委員として参加しており，定期監査の実施内容との連携も図っています。

　また，「品質管理」及び「情報セキュリティ」の重要性を鑑み，傘下に「品質管理委員会」及び「情報セキュリティ委員会」を設置し，より専門的視点におけるリスク認識及び対応策について部署横断的に審議しており，両委員会における審議内容については，定期的にリスク管理委員会に報告されています。

リスク管理体制図

### ◆リスク管理のプロセスについて

　当社グループの国内事業所・国内子会社・海外子会社を対象として，前年度に実施したモニタリング内容及び本社各部署からのヒアリング内容をもとに，「品質管理」「情報セキュリティ」「コンプライアンス」「人権」「危機管理」「環境」「労働法制・労務管理」等においてリスク課題を抽出します。その中から発生可能性及びグループに対する影響度を，リスク管理委員会で評価し，その評価に基づいて重要リスク項目を選定しています。各重要リスク項目を主管する部署又は会議体は，期初にリスク管理基本計画を策定し，その進捗についてリスク管理委員会へ報告し，委員会で出た意見を踏まえ改善を進めるという，リスク管理におけるPDCAサイクルを推進しています。

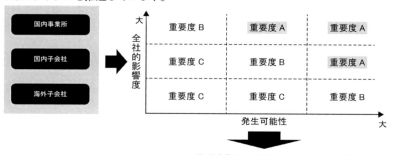

グループ会社に関して，グループ各社の経営全般を管理する「経営管理主管部署」と専門領域について横断的に管理する「専門機能部署」を当社内で明確化して，マトリックスでのリスク管理を推進しています。グループ全体のリスク情報の把握に向けて，国内外のグループ各社における総務責任者による牽制機能の強化及び監査部・人事総務部・人財開発部・法務部等の当社管理・人事部門との情報共有の活性化に向けて，「ガバナンスネットワーク」の構築に努めています。主要な事業グループ会社に関しては，一定以上の重要な業務執行について，当社の稟議決裁または取締役会決議を経ることとしています。また主要グループ会社のリスク認識を把握するため，当社と同様にリスクマップにより重要リスクの評価を行い，その内容についてはリスク管理委員会で共有・審議することとしています。

　全社レベルで影響を及ぼすおそれのある事案が発生した際には，「クライシス対応マニュアル」に則って本社主管部署よりリスク管理委員会へ報告されます。報告を受けたリスク管理委員会は，本マニュアルに規定された基準に基づいてクライシスレベルの判定を行い，クライシスレベルにおいて一定レベル以上の重大な内容が認められる場合には，リスク管理委員会委員長の判断のもと，専門チーム「クライシス対策本部」を立ち上げて，事態の拡大防止と早期収束に向けて具体的対応を検討する体制を整えています。また，定期的にクライシス対応トレーニングを実施し，本マニュアルが機能するかどうかの検証・改善を行っています。

## ◆個別のリスク

　有価証券報告書に記載した事業の状況，経理の状況等に関する事項のうち，投資家の判断に重要な影響を与える可能性のある事項については，以下のようなものが挙げられます。

　なお，これらについては，提出日現在において判断したものです。

＊　　昨年度と比較して重要性が高まったテーマ
＊＊　今年度新設されたテーマ

## [特に重要なリスク]

### （1）　法令遵守について

　当社グループは，宅地建物取引業法，建設業法，建築士法等の法令に基づく

---

*point*  **設備の新設，除却等の計画**

　ここでは今後，会社がどの程度の設備投資を計画しているか知ることができる。毎期どれくらいの設備投資を行っているか確認すると，技術等での競争力維持に積極的な姿勢かどうか，どのセグメントを重要視しているか分かる。また景気が悪化したときは設備投資額を減らす傾向にある。

許認可を受けるとともに，建築，労働，環境その他事業の遂行に関連する各種の法令及び条例に則り事業活動を行っています。これらにおいて違反が生じた場合に，改善に向けて多額の費用が発生すること，又は業務停止等の行政処分を受けることで当社グループの業績に影響を与える可能性があります。

　対策として，設計における建築基準法上のチェックミス・手続き漏れを防ぐための法規制チェックシステムを導入し，型式認定不適合の発生を抑えるために，事業所及び本社でのダブルチェック体制を構築しています。又，建設業法上の専任の配置技術者の適正運用に向けて，配置状況のチェックを専門機能部署で行うとともに有資格者の人財確保・能力向上に継続して取り組んでいます。

## （2）　品質管理について

　当社グループは，設計・生産・施工上の品質において万全を期すとともに，主要な戸建住宅及び共同住宅においては，長期保証制度及び定期的な点検サービスを実施していますが，長期にわたるサポート期間の中で，予期せぬ人的ミス等により重大な品質問題が生じた場合には，多額の費用発生や当社グループの評価を大きく毀損することになり，当社グループの業績に影響を与える可能性があります。

　対策として，リスク管理委員会傘下の「品質管理委員会」により，製品・設計・生産・施工・CSの5つの検討会をまとめる組織として，品質に関する一元的な管理を進めています。特に施工品質不具合の発生を抑えるために，期初に策定する「全社施工品質管理年間計画」に基づく「品質管理重点項目」に対する改善に取り組んでおり，その管理状況については定期的にリスク管理委員会へ報告されています。また，施工品質と密接な関わりのある「施工力の確保」に向けて，工事量の平準化，現場生産性の向上，建設技能者の積極的な育成等多角的な取り組みを進めています。

## （3）　情報セキュリティについて

　コンピューターウィルスの侵入や高度なサイバー攻撃等により，個人情報・機密情報の漏洩や改竄，システム停止等が生じることで，お客様等からの損害賠償

---

**株式の総数等**

　発行可能株式総数とは，会社が発行することができる株式の総数のことを指す。役員会では，株主総会の了承を得ないで，必要に応じてその株数まで，株を発行することができる。敵対的TOBでは，経営陣が，自社をサポートしてくれる側に，新株を第三者割り当てで発行して，買収を防止することがある。

請求を受ける可能性やお客様及び市場等からの信頼を失い，当社グループの業績に影響を与える可能性があります。

　対策として，リスク管理委員会傘下の「情報セキュリティ委員会」において，情報セキュリティに関するグループ内の基本方針「情報セキュリティポリシー」や秘密情報管理規則に基づき，情報セキュリティ及び情報管理に関する施策を検討・実施しています。併せて，コンピューターウィルス等サイバー攻撃や秘密情報の漏洩・改竄を防止するために，社内外からのアクセス制御システムを強化するとともに，標的型メール訓練や研修，情報セキュリティ監査などを通じてITリテラシーの向上を図っています。また，ITデザイン部セキュリティシステム推進室にセキュリティインシデントに対応する専門チーム（CSIRT）を設置しました。インシデント対応力を上げるため，各部門参加による，セキュリティインシデント発生を想定した訓練を実施し，万一の事態に備えています。さらに，定期的に外部機関によるセキュリティアセスメントを実施して，更なるセキュリティガバナンス体制の強化に取り組んでいます。

　お客様情報の管理については，「お客様情報保護方針」に基づき，各組織において個人情報取扱責任者を定めて，安全対策の実施，周知徹底を図る体制を整えるとともに，全従業員を対象に個人情報の取扱いに関するEラーニングを継続的に推進し，個人情報保護に関する従業員一人ひとりの役割・責任の認識を高めています。

　各事業所，各グループ会社におけるセキュリティ意識を高めるため，情報セキュリティ委員会の下に，グループ全社事業所で構成する「情報セキュリティ推進部会」を設置し，幹部から従業員一人ひとりへのセキュリティ意識啓発や対策の徹底を図っています。

## （4）　人権について

　当社グループを取り巻く国内外のステークホルダーの人権課題について対応が不十分である場合，当社グループの社会的評価が低下する可能性があります。

　対策として，当社グループでは，2020年4月に「積水ハウスグループ人権方針」を策定し，ヒューマンリレーション研修等を通じて国際規範に基づく人権に対す

---

(point)　**連結財務諸表等**

　　ここでは主に財務諸表の作成方法についての説明が書かれている。企業は大蔵省が定
　　めた規則に従って財務諸表を作るよう義務付けられている。また金融商品法に従い，
　　作成した財務諸表がどの監査法人によって監査を受けているかも明記されている。

る考え方及び取り組みについて発信し，全従業員に繰り返し周知しています。また，人権方針の実践として，事業活動において「人権デュー・デリジェンス」のプロセスを採用し，人権リスクマップの作成により重要な人権課題を特定して，対応を進めています。

## (5)　気候変動について

気候変動に関する主要なリスクと機会については，本社部署・事業部門参画のもと洗い出しを行い，取締役会の諮問機関であるESG推進委員会及びリスク管理委員会における審議を経て，取締役会に報告され，必要に応じてリスクの緩和・移動・受容・コントロールの決定を検討することとしています。

その内容につきましては，TCFDのフレームワークに基づいてまとめており，「第2 事業の状況 1 経営方針，経営環境及び対処すべき課題等 (4) サステナビリティに関する考え方及び取組み②気候変動に対する取組み」に記載しています。

## (6)　労務管理について

従業員の長時間労働は，精神疾患を含めた健康障害につながる恐れがあり，場合によっては長期休業につながるリスクがあります。

対策として，労務管理においては総労働時間の削減に向けて，部門毎に1人当たりの月平均総労働時間の目標を設定し，各事業所において働き方の改善に取り組んでいます。さらに，本社，工場，事業所の組織ごとに勤務状況の確認を月次で行うとともに，必要に応じて本社人事総務部によるモニタリング，労務管理研修を実施して適正な労務管理を促しています。

また，事務所及び施工現場における労働災害は抑制すべき課題であり，特に施工現場では作業環境や作業手順・作業方法の誤りが負傷につながることも多く，死亡災害など重篤な事故が発生すると，損害賠償負担に加えて社会からの信用失墜を招く可能性もあります。

労働災害の抑制に向けて，各組織で安全営衛生委員会を開催し，災害予防に向けた定期点検及び災害発生事案に対する検証・再発防止策の推進等を行っています。特に施工現場では，「全社施工安全衛生年間計画」に基づき，安心安全な施

工環境の整備に努めているとともに，発生頻度の高い事故の削減に向けて，本社施工本部の指揮のもと作業手順の遵守・確認体制の整備など対策に取り組んでいます。

### （7）　人財確保について　＊ ·······················································

　当社グループの持続的成長を実現するためには，既存事業の深化と新規事業への挑戦を担う優秀な人財を国内外で獲得し，雇用を維持していく必要があります。採用競争力が低下した場合や離職による人財流出が深刻化した場合には，成長力が鈍化し，社会的評価が低下する可能性があります。

　対策として，事業戦略に必要な人財を明確にし，採用ブランディングの強化，採用活動における募集経路・選考手法の多様化を積極的に進めています。また，人事制度改革においては，選択制の複線型キャリアコースをはじめ，公正で透明性の高い人事評価制度等を導入し，従業員の自律的なキャリア形成を支援しています。上司と部下が定期的に対話する機会である「キャリア面談」により，従業員のキャリア意識の涵養に加え，心理的安全性の高い組織風土の構築を目指します。引き続き採用機能の強化と成長機会の充実の両面で人財確保に取り組んでいます。


### ［重要なリスク］
### （1）　住宅事業環境の変化について ······················································

　当社グループは，国内及び海外において住宅を中心とした事業活動を行っているため，個人消費動向，金利動向，地価動向，住宅関連政策や税制の動向，それらに起因する賃料相場の変動，さらには地方経済動向等に影響を受けやすい傾向があり，今後これらの事業環境の変化により，当社グループの業績に影響を与える可能性があります。

　対策として，市場環境の変化に対応した諸施策を機動的に実施するため，事業本部長・営業本部長を中心とした国内執行会議を月1回開催し，市場動向を踏まえた施策の進捗状況や現場で発見された課題を共有し，次の施策の立案に活かしています。

---

(point) **連結財務諸表**

　ここでは貸借対照表（またはバランスシート，BS），損益計算書（PL），キャッシュフロー計算書の詳細を調べることができる。あまり会計に詳しくない場合は，最低限，損益計算書の売上と営業利益を見ておけばよい。可能ならば，その数字が過去5年，10年の間にどのように変化しているか調べると会社への理解が深まるだろう。

また海外進出国における市場環境についても，海外各拠点と本社が継続的に情報連携を重ね，本社専門部署において市場分析のうえ，戦略立案を行っています。

## (2)　保有する資産について ·····································

　当社グループが国内及び海外において保有している販売用不動産，固定資産，投資有価証券及びその他の資産について，時価の下落等による減損損失又は評価損の計上や，為替相場の変動によって，当社グループの業績及び財務状況に影響を与える可能性があります。

　対策として，当社グループでは，一定金額以上の投資案件の場合，積水ハウス本社における稟議審査ならびに経営会議での十分な議論を踏まえ，各案件に対する投資の可否を慎重に検討しています。不動産については，優良土地の取得及び資産回転率の向上による安定経営を図り，政策保有株式については，資本・資産効率向上の観点から必要最小限の保有を基本とし，保有の妥当性について，毎年，取締役会において検証するとともに，定量的な目標を設けて段階的に縮減を図っています。為替相場の変動に対しては，為替予約等必要に応じヘッジ手続きを実行することにより，その影響を低減しています。なお，保有する資産については，減損及び評価損のリスクを定期的に把握し，必要に応じ適宜会計処理を実施しています。

## (3)　資金調達コストについて　＊＊ ·····························

　当社グループは，金融機関からの借入，社債の発行等によって資金調達を行っています。市場金利の急激な変動や金融市場の混乱，格付機関による信用格付けの大幅な引下げ等が生じた場合には，資金調達コストが増加する可能性があり，その結果，当社グループの業績及び財務状況に影響を与える可能性があります。

　対策として，財務健全性を確保し，適切な水準の格付けを維持することで資金調達コストを低減するとともに，資金調達手段の多様化及び年限の適切な分散を進めることで金利変動リスクの軽減に努めています。

## （4）　原材料，資材等の調達について ················································

　　大規模自然災害や社会不安（戦争，テロ，感染症，地政学的リスク等）により，資材調達先が被害を受け，資材の供給が困難になった場合，施工がストップして契約工期に影響が出る可能性があります。また，原材料やエネルギーの世界的な価格高騰が一層進み，調達価格がさらに上昇して，当社グループの業績に影響を与える可能性があります。

　　対策として，当社グループでは，一つの資材調達先が被災等で調達が困難になった場合等を想定し，3つの側面から備えを進めています。

①　供給面の備えとして，部材ラインナップ複数化，複数社調達，複数生産拠点化，国内供給拠点の強化を進めています。

②　仕様面の備えとして，部材の汎用化等，調達の容易な材料や仕様への変更に取り組んでいます。

③　情報面の備えとして，サプライヤー拠点のデータベース化により，迅速な対応を行う体制を構築しています。

　　さらに，サプライヤーに対しても自社サプライチェーンの強化を求めることで，備えの輪を広げ，サプライチェーン全体の強靭化に努めています。また資材の調達にあたっては，複数社調達による価格競合，調達先の再編や集約による有利購買，仕様の最適化等により，合理的な調達価格の実現に努めています。

## （5）　退職給付債務について ································································

　　当社グループの従業員に対する退職給付債務は，割引率の数理計算に用いる基礎率や年金資産の期待運用収益率に基づいて算出されています。この基礎率が変更された場合，または期待運用収益率に基づく見積り計算が実際の結果と大きく異なった場合には，当社グループの業績及び財務状況に影響を与える可能性があります。

　　対策として，当社グループでは，退職給付債務については定期的に実績に基づいて見積りの検証と見直しを行っています。年金資産の運用については，外部コンサルタントの助言をもとに，リスク・リターン特性の異なる複数の資産クラス・運用スタイルへの分散投資を行っており，年金資産全体のリスク・リターンの分

析を定期的に実施する事で分散効果の有効性について評価を実施しています。また，企業年金基金においてスチュワードシップ・コードの受け入れを表明し，運用機関に対するモニタリングを強化するとともに，企業年金基金の諮問機関である資産運用委員会では，市場環境や運用状況等について定期的に協議を行っています。

## (6) BCP（事業継続計画）について

　大規模自然災害やパンデミックの発生時などに対する対応計画が不明確なことにより初動対応が遅れた場合，各拠点における事業継続が困難になり，当社グループの業績に影響を与える可能性があります。

　対策として，当社グループでは，「事業継続計画管理基本方針」を定め，重大な事業運営・ハザードリスクが発生した場合にも，重要な事業を中断させず，また中断せざるを得ない場合でも可及的速やかに復旧させる手順と体制を整備しています。

　大規模自然災害等の発生に対しては，「積水ハウスグループ災害対策基本方針」を定め，各組織の「災害マニュアル」を策定し，災害時の各事業拠点における事業継続に向けた準備を進めています。また，大規模災害等により本社での業務継続が困難となった場合に備え，本社災害対策本部の設置等を規定した初動対応マニュアルの整備を行っており，本社被災時には，東京拠点（東京都港区赤坂）と総合住宅研究所（京都府木津川市）を代替本社として，本社における重要業務を継続できる体制を整えています。

　海外事業を展開する上において，海外子会社の従業員や出張者が自然災害やテロ・暴動等に巻き込まれるリスクに備えて，対応マニュアルを整備して迅速な情報共有体制の構築を図るとともに，海外専用の危機対応支援会社と提携して緊急事態発生時の現地従業員へのサポート体制も整えています。

## (7) 新型コロナウイルス感染症について

　当社グループの全従業員に対して感染対策の徹底を図っていますが，グループ内各組織において，新型コロナウイルス感染者及び濃厚接触者が増大することに

より，業務推進に影響が出る可能性があります。

　対策として，新型コロナウイルス感染症対策本部において定例会議を開催し，各事業所ならびに生産拠点，施工従事者の感染状況のタイムリーな把握，状況変化に応じて機動的に対応する体制整備を進めるとともに，感染者または濃厚接触者になった場合の対処方法をグループ全体へ明確に発信し，職場・現場内クラスターの発生を抑止する施策・対応を推進しています。また，コロナ禍における働き方に関して，WEB会議システムの充実，在宅勤務者のモバイル端末の整備等環境整備を進めるとともに，従業員対象のアンケートに基づいた職種ごとの分析を進めて，一過性の対応ではなく，感染リスクを低減できる働き方改革を推進しています。

　営業活動においては，WEB会議システムを利用したプラン提案等によるお客様との関係構築を進めるとともに，Withコロナに対応した商品展開を進めています。

## 3　経営者による財政状態，経営成績及びキャッシュ・フローの状況の分析

### (1)　経営成績等の状況の概要

　当連結会計年度における当社グループの財政状態，経営成績及びキャッシュ・フロー（以下「経営成績等」という」）の状況の概要は以下のとおりです。

### ①　財政状態及び経営成績の状況

　当期における世界経済は，新型コロナウイルス感染症との共存により，社会経済活動の正常化が進む中，持ち直しの動きが継続しました。しかしながら，世界的なインフレや各国の金融引き締め政策及び為替変動，ならびに地政学リスクが原材料・資材価格やサプライチェーンに与える影響に，注視が必要な状況が続きました。住宅市場は，国内では，新設住宅着工戸数は底堅い状況が続きました。一方で，昨年3月の行動制限解除に伴う旅行や外食支出等の増加，加えて年後半は高水準の物価上昇による消費マインドの慎重化等を背景に，受注は減少傾向で推移しました。アメリカでは，住宅に対する潜在需要は強いものの，住宅ローン金利の上昇と住宅価格の高止まり等により，住宅着工及び販売戸数は減少傾向で推移しました。

このような事業環境の中，当社グループは，グローバルビジョン"「わが家」を世界一幸せな場所にする"の実現に向け，ハード・ソフト・サービスを融合した様々な高付加価値提案等の事業戦略を推進しました。その結果，各ビジネスは順調に進捗し，加えて次年度以降の業績に寄与する受注が堅調に推移しました。

　第5次中期経営計画（2020年度〜2022年度）最終年度である当連結会計年度における業績は，連結受注高は2,809,277百万円（前期比3.2％増），連結売上高は2,928,835百万円（前期比13.1％増）となりました。

　利益については，連結営業利益は261,489百万円（前期比13.6％増），連結経常利益は257,272百万円（前期比11.8％増），親会社株主に帰属する当期純利益は184,520百万円（前期比19.9％増）となりました。

　また，第5次中期経営計画3ヵ年の業績は，策定時の計画を大きく上回る結果となりました。

　セグメント別の経営成績は次の通りです。

**（戸建住宅事業）**

　当事業の当期における売上高は352,463百万円（前期比0.1％減），営業利益は38,309百万円（前期比9.8％減）となりました。

　ハード・ソフトを融合した高付加価値提案により，中高級商品・高価格商品の拡販に注力しました。大空間リビング「ファミリー スイート」による生活提案，ネット・ゼロ・エネルギー・ハウス（ZEH）「グリーンファースト ゼロ」や次世代室内環境システム「スマート イクス」に加え，間取り連動スマートホームサービス「PLATFORM HOUSE touch」が好評で，受注は堅調に推移しました。

**（賃貸住宅事業）**

　当事業の当期における売上高は426,116百万円（前期比11.0％増），営業利益は58,407百万円（前期比4.2％増）となり，順調な工事進捗が増収に寄与しました。

　都市部中心のエリアマーケティング戦略を徹底し，強靭な構造と設計自由度を両立する当社オリジナル構法を用いた3・4階建て賃貸住宅の拡販に注力しました。

　また，収益性を高めながら，脱炭素に貢献するゼロエネルギーの賃貸住宅

「シャーメゾンZEH」の普及に努めました。太陽光発電の電力を各戸に配分することで，入居者が利用し売電もできる等，ZEHのメリットを実感できるエシカルな選択肢として好評で，賃貸住宅受注に占めるZEH住戸割合は65%（15,064戸，累計27,371戸）となりました。

これらの高付加価値提案に加え，高い入居率と賃料水準を実現する積水ハウス不動産各社の物件管理が奏功し，法人向け事業も含め受注は好調に推移しました。

**（建築・土木事業）**

当事業の当期における売上高は298,777百万円（前期比14.1%増），営業利益は13,214百万円（前期比12.8%減）となりました。

建築事業における複数の大型案件の売上計上等により増収となりました。一方，大型建設工事需要の減少，資材価格高騰の影響，及び前期における複数の大型案件受注の反動減により，受注は減少しました。

**（リフォーム事業）**

当事業の当期における売上高は165,910百万円（前期比6.2%増），営業利益は27,561百万円（前期比7.9%増）となり，前期の好調な受注及び順調な工事進捗が増収に寄与しました。

戸建住宅では，「ファミリー スイート リノベーション」等の提案型リフォーム，「いどころ暖熱」や創エネリフォーム等の環境型リフォームが好評で，大規模リフォームの受注割合が拡大しました。また，賃貸住宅では，資産価値を向上させ，高入居率と高水準の賃料を実現するリノベーション提案に注力しています。これらの取り組みにより，受注は好調に推移しました。

**（不動産フィー事業）**

当事業の当期における売上高は619,271百万円（前期比5.9%増），営業利益は50,659百万円（前期比0.4%増）となりました。

好立地に建築した高品質・高性能な賃貸住宅「シャーメゾン」の供給により管理受託戸数が堅調に増加しました。積水ハウス不動産ホールディングス株式会社が積水ハウス不動産グループの更なる持続的成長と企業価値最大化に向け事業を推進し，長期安定経営をサポートする質の高い建物管理と入居者の生活を充実させるサービスを提供したこと等により，高水準の入居率と賃料を維持し，増収に

寄与しました。

**（分譲住宅事業）**

　当事業の当期における売上高は238,252百万円（前期比24.4％増），営業利益は20,777百万円（前期比42.8％増）となり，前期の好調な受注及び順調な工事進捗が増収に寄与しました。

　エリアマーケティングに沿った優良土地の積極仕入れと美しいまちなみづくりにより，土地取得から検討中の顧客への拡販に注力した結果，受注は好調に推移しました。

**（マンション事業）**

　当事業の当期における売上高は90,883百万円（前期比0.3％増），営業利益は13,403百万円（前期比7.3％増）となり，「グランドメゾン新梅田タワー THE CLUB RESIDENCE」（大阪市北区）の引渡しを完了し，ZEH基準と快適居住性能を両立した超高層タワーレジデンス「グランドメゾン上町一丁目タワー」（大阪市中央区）の引渡しが順調に進む等，計画通りに進捗しました。

　また，家庭部門の脱炭素化への貢献を目指し，2023年以降に販売する分譲マンション「グランドメゾン」の全住戸をZEH仕様とすることとしました。東京・名古屋・大阪・福岡を中心とする好立地エリアに集中した高付加価値分譲マンション開発に加え，環境面の取り組みが評価され，「グランドメゾン白金高輪パークフロント」（東京都港区），「グランドメゾン大濠公園 THE TOWER」（福岡市中央区）が完売する等，販売が好調に推移しました。

**（都市再開発事業）**

　当事業の当期における売上高は135,320百万円（前期比31.7％増），営業利益は15,051百万円（前期比33.5％増）となりました。

　積水ハウス・リート投資法人に「プライムメゾン江古田の杜」（東京都中野区），「プライムメゾン早稲田通り」（東京都新宿区）等を売却し，その他，「赤坂ガーデンシティ」（東京都港区）の持分を売却する等，計画に沿い物件売却が順調に進捗しました。また，当社が開発した賃貸住宅「プライムメゾン」等の当社グループ保有物件の入居率は堅調に推移したことにより，増収となりました。

　また，スパ施設や総合ウェルネスフロア等，お客様の「ウェルビーイング」を

促し，「健康になる旅」を可能とする施設を各種取り揃える「ウェスティンホテル横浜」（横浜市西区）を開業しました。

（国際事業）

当事業の当期における売上高は521,124百万円（前期比34.0％増），営業利益は73,860百万円（前期比47.3％増）となりました。

アメリカでは，住宅販売事業において，当期前半までの好調な受注に伴い引渡しが堅調に進捗しました。また，コミュニティ開発事業が順調に推移し，賃貸住宅開発事業では，「Volta on Pine」（ロングビーチ），「Bromwell」（デンバー）及び「The Society」（サンディエゴ，全4棟のうち2棟）を引渡したことにより，増収となりました。一方，住宅ローン金利の上昇等により住宅販売事業の受注環境は悪化しました。また，積水ハウステクノロジーの海外展開を進めるという方針のもと，テキサス州の住宅販売会社であるChesmar Homes, LLCの持分をすべて取得し，事業規模及び展開エリアの拡大を図りました。

オーストラリアでは，第1四半期に，「Melrose Park」（シドニー）のマンションResidences棟の引渡しが完了したことや，「Gledswood Hills」（シドニー）の土地売却が進捗したこともあり，増収となりました。中国では，太倉市第2期分譲のマンション引渡しが完了しました。

（その他）

当事業の当期における売上高は80,715百万円（前期比6.2％増），営業損失は439百万円となりました。

エクステリア事業では，戸建住宅，賃貸住宅等において，住宅と外構との一体提案を強化するとともに，地域の気候風土・鳥や蝶等と相性の良い在来樹種を中心とした植栽を提案する「5本の樹」計画の推進により，生物多様性保全に貢献しました（2023年1月時点累積植栽本数1,900万本）。

新規事業・イノベーションの創出に向けて，M&A・アライアンスを積極展開するという第5次中期経営計画の方針のもと，無垢木材のインテリア材を中心とした木質建材の輸入・企画・製造・販売を手掛け，高品質・高付加価値の商品力が強みである内装建材メーカーの株式会社マルホンの普通株式を全株取得しました。また，暮らしに役立つ，幸せが膨らむ生活サービスを当社が厳選し，戸建・

賃貸住宅オーナーとそのご家族を対象に紹介するサイト「スイート コンシェル」をオープンしました。

　ESG経営のリーディングカンパニーを目指す当社は，「全従業員参画」「先進的な取り組み」「社外評価向上」を三位一体のテーマとし，ESG経営を推進しています。

　環境面では，新築戸建住宅ZEH比率が過去最高の92％（2021年度）となり，賃貸住宅や分譲マンションなどの集合住宅においてもZEHを推進しました。これらの取り組みにより，当社が2021年度に供給した住宅の年間CO2削減実績は2013年比で55％に達しました。また，「5本の樹」計画の成果について琉球大学久保田研究室他との共同検証を行い，世界初の都市の生物多様性の定量評価の仕組みを構築し，「ネイチャー・ポジティブ方法論」として公開しました。これをきっかけとして，様々な企業や団体，行政，学校との新たな連携や取り組みも開始しました。

　社会性向上に関しては，「自律的なキャリア形成」をサポートするため，キャリアコースの選択やマネジメント機会の早期創出を実現する人事制度改革を行いました。また，男性の育児休業取得推進に賛同する企業・団体と共に「育休を考える」プロジェクトを展開する等，ダイバーシティ＆インクルージョンを推進しました。

　ガバナンス面では，定時株主総会にて社外取締役比率を50％とし，取締役会の独立性と多様性を向上させ，取締役会の経営監督機能をさらに強化しました。また，中間持株会社体制による権限委譲と責任の明確化を図る積水ハウス不動産グループの再編などグループガバナンスの強化を推進しました。

　このような取り組みを含むESG経営を推進した結果，環境面では，国際環境非営利団体CDPから「気候変動」「フォレスト」両分野で最高評価「Aリスト」に選定，社会性向上では，UN Womenアジア太平洋地域事務所が主催する「WEPs AWARDS 2022」の「Community Engagement and Partnerships」部門において1位を受賞，ガバナンス面では，GPIFの国内株式運用機関が選ぶ「優れたコーポレート・ガバナンス報告書」に選定されました。加えて，公益社団法人日本証券アナリスト協会が実施する「証券アナリストによるディスクロージャー優良企業選定」で2年連続第1位を獲得する等，高い社外評価を獲得しました。

② キャッシュ・フローの状況 ·······························································

　当連結会計年度における現金及び現金同等物（以下「資金」といいます。）は，営業活動により125,464百万円増加し，投資活動により165,409百万円，財務活動により155,780百万円それぞれ減少した結果，前連結会計年度末と比較して182,426百万円減少となり，当連結会計年度末の資金残高は332,747百万円となりました。

**（営業活動によるキャッシュ・フロー）**

　営業活動の結果，得られた資金は125,464百万円（前期比7,429百万円資金増）となりました。税金等調整前当期純利益を267,710百万円計上したこと等により，資金の増加となりました。

**（投資活動によるキャッシュ・フロー）**

　投資活動の結果，減少した資金は165,409百万円（前期比51,702百万円資金減）となりました。賃貸用不動産等，有形固定資産の取得による支出が92,162百万円（前期比9,211百万円資金減）あったこと等により，資金の減少となりました。

**（財務活動によるキャッシュ・フロー）**

　財務活動の結果，減少した資金は155,780百万円（前期比44,078百万円資金減）となりました。社債の償還による支出が120,000百万円（前期比90,000百万円資金減）や配当金の支払額が66,400百万円（前期比10,791百万円資金減）あったこと等により，資金の減少となりました。

③ 生産，受注及び販売の実績 ·······························································

（イ）　生産実績

　当社グループ（当社及び連結子会社）の展開する事業は多様であり，生産実績を定義することが困難であるため「生産実績」は記載していません。

（ロ）　受注実績

　当連結会計年度における受注実績をセグメントごとに示すと，次のとおりです。

| セグメントの名称 | 受注高 | | 受注残高 | |
|---|---|---|---|---|
| | 金額(百万円) | 前期比(%) | 金額(百万円) | 前期比(%) |
| 戸建住宅事業 | 344,040 | △2.6 | 175,442 | △4.6 |
| 賃貸住宅事業 | 426,479 | 9.3 | 379,253 | 0.1 |
| 建築・土木事業 | 301,649 | △9.6 | 436,979 | 0.7 |
| リフォーム事業 | 169,088 | 5.0 | 36,557 | 9.5 |
| 不動産フィー事業 | 619,271 | 5.9 | — | — |
| 分譲住宅事業 | 249,648 | 23.7 | 69,510 | 19.6 |
| マンション事業 | 84,278 | 0.4 | 78,386 | △7.8 |
| 都市再開発事業 | 112,859 | 14.1 | 2,596 | △89.6 |
| 国際事業 | 418,510 | △3.3 | 212,319 | △18.5 |
| 報告セグメント計 | 2,725,827 | 3.2 | 1,391,046 | △4.6 |
| その他 | 83,450 | 2.8 | 56,740 | 5.6 |
| 合計 | 2,809,277 | 3.2 | 1,447,787 | △4.3 |

## （ハ） 販売実績

当連結会計年度における販売実績をセグメントごとに示すと，次のとおりです。

| セグメントの名称 | 金額(百万円) | 前期比(%) |
|---|---|---|
| 戸建住宅事業 | 352,463 | △0.1 |
| 賃貸住宅事業 | 426,116 | 11.0 |
| 建築・土木事業 | 298,777 | 14.1 |
| リフォーム事業 | 165,910 | 6.2 |
| 不動産フィー事業 | 619,271 | 5.9 |
| 分譲住宅事業 | 238,252 | 24.4 |
| マンション事業 | 90,883 | 0.3 |
| 都市再開発事業 | 135,320 | 31.7 |
| 国際事業 | 521,124 | 34.0 |
| 報告セグメント計 | 2,848,120 | 13.3 |
| その他 | 80,715 | 6.2 |
| 合計 | 2,928,835 | 13.1 |

（注） 主な相手先別の販売実績は，当該販売実績の総販売実績に対する割合が100分の10未満であるため記載を省略しました。

※1 当連結会計年度に連結子会社化したCHESMAR HOLDINGS, LLC及びその子会社の数値を，各指標

の「国際事業」に含めて表示しています。

2　当連結会計年度に連結子会社化した株式会社マルホン及びその子会社の数値を，各指標の「その他」に含めて表示しています。

（参考）　提出会社個別の事業の受注高，売上高，繰越高の状況は次のとおりです。

| 期別 | 事業別の名称 | 前期繰越高<br>（百万円） | 当期受注高<br>（百万円） | 計<br>（百万円） | 当期売上高<br>（百万円） | 次期繰越高<br>（百万円）<br>手持高 |
|---|---|---|---|---|---|---|
| 第71期<br>自 2021年<br>2月1日<br>至 2022年<br>1月31日 | 住宅請負事業 | 684,843 | 953,633 | 1,638,476 | 936,384 | 702,092 |
| | 不動産事業 | 125,356 | 206,545 | 331,902 | 213,980 | 117,921 |
| | 合計 | 810,200 | 1,160,179 | 1,970,379 | 1,150,364 | 820,014 |
| 第72期<br>自 2022年<br>2月1日<br>至 2023年<br>1月31日 | 住宅請負事業 | 702,092 | 977,239 | 1,679,332 | 968,642 | 710,690 |
| | 不動産事業 | 117,921 | 214,561 | 332,483 | 235,162 | 97,321 |
| | 合計 | 820,014 | 1,191,801 | 2,011,815 | 1,203,804 | 808,011 |

（注）1　前事業年度以前に受注した工事で，契約の更改により請負金額に変更のあるものについては，その増減額を「当期受注高」並びに「当期売上高」に含めています。

2　損益計算書において，住宅請負事業は「完成工事高」，不動産事業は「不動産事業売上高」として表示しています。

## （2）　経営者の視点による経営成績等の状況に関する分析・検討内容 ‥‥‥‥‥

経営者の視点による当社グループの経営成績等の状況に関する認識及び分析・検討内容は次のとおりです。

### ①　経営成績

当連結会計年度の連結売上高は，全てのビジネスモデルにおいて増収となり，前期比339,256百万円増加の2,928,835百万円（前期比13.1％増）となりました。

連結営業利益は，M&Aも寄与したアメリカでの住宅販売事業の増収効果による国際ビジネスの増益，物件売却が順調に進捗した開発型ビジネスの増益，ストック型ビジネスの継続的な増収効果が寄与し，前期比31,328百万円増加の261,489百万円（前期比13.6％増）となりました。

連結経常利益は，連結営業利益の増加等により，前期比27,178百万円増加の257,272百万円（前期比11.8％増）となりました。

親会社株主に帰属する当期純利益は，中国事業における関係会社清算益等の特別利益の計上により，前期比30,614百万円増加の184,520百万円（前期比19.9％増）となりました。

（参考） 連結売上高，連結営業利益をビジネスモデル及びセグメントごとに示すと，次のとおりです。

| | | 売上高 | | | 営業利益 | | |
|---|---|---|---|---|---|---|---|
| | | 2022年1月期 | 2023年1月期 | 前期比(%) | 2022年1月期 | 2023年1月期 | 前期比(%) |
| | | 金額(百万円) | 金額(百万円) | | 金額(百万円) | 金額(百万円) | |
| 請負型 | 戸建住宅事業 | 352,732 | 352,463 | △0.1 | 42,475 | 38,309 | △9.8 |
| | 賃貸住宅事業 | 384,022 | 426,116 | 11.0 | 56,047 | 58,407 | 4.2 |
| | 建築・土木事業 | 261,930 | 298,777 | 14.1 | 15,146 | 13,214 | △12.8 |
| | 小計 | 998,685 | 1,077,357 | 7.9 | 113,668 | 109,931 | △3.3 |
| ストック型 | リフォーム事業 | 156,167 | 165,910 | 6.2 | 25,546 | 27,561 | 7.9 |
| | 不動産フィー事業 | 584,969 | 619,271 | 5.9 | 50,480 | 50,659 | 0.4 |
| | 小計 | 741,136 | 785,182 | 5.9 | 76,027 | 78,221 | 2.9 |
| 開発型 | 分譲住宅事業 | 191,488 | 238,252 | 24.4 | 14,548 | 20,777 | 42.8 |
| | マンション事業 | 90,612 | 90,883 | 0.3 | 12,486 | 13,403 | 7.3 |
| | 都市再開発事業 | 102,736 | 135,320 | 31.7 | 11,276 | 15,051 | 33.5 |
| | 小計 | 384,837 | 464,456 | 20.7 | 38,311 | 49,233 | 28.5 |
| 国際事業 | | 388,936 | 521,124 | 34.0 | 50,147 | 73,860 | 47.3 |
| その他 | | 75,984 | 80,715 | 6.2 | △1,208 | △439 | ― |
| 消去又は全社 | | ― | ― | ― | △46,786 | △49,317 | ― |
| 連結 | | 2,589,579 | 2,928,835 | 13.1 | 230,160 | 261,489 | 13.6 |

## ② 財政状態

資産，負債及び純資産の状況

当連結会計年度末における資産総額は，前連結会計年度末と比較して7.4％増の3,007,537百万円となりました。流動資産は，主に販売用不動産の増加等により，2,093,883百万円と増加（前期比7.2％増）しました。固定資産は，のれんの増加等により，913,653百万円と増加（前期比7.7％増）しました。

負債総額は，社債の償還等により減少する一方，借入金の増加等により，前連結会計年度末と比較して4.7％増の1,339,990百万円となりました。

純資産は，親会社株主に帰属する当期純利益を184,520百万円計上したことによる利益剰余金の増加等により1,667,546百万円と増加（前期比9.6％増）しました。

③ キャッシュ・フロー

当連結会計年度におけるキャッシュ・フローの分析については，「(1) 経営成績等の状況の概要　② キャッシュ・フローの状況」に記載のとおりです。

④ 資本の財源及び資金の流動性

当社グループの資金需要のうち主なものは，運転資金及び不動産（棚卸資産を含む）の取得・開発をはじめとする投資資金等であり，運転資金については，自己資金の活用又は借入金，短期社債（コマーシャルペーパー）により調達し，投資資金等については，主に社債，借入金により調達しています。資金調達に際しては，これら多様な調達手段から時機に応じて最適な手段を選択することで，安定的な財源の確保及び調達コストの低減を図るほか，国内信用格付 AA 格・外国信用格付 A 格の維持を前提に，D/E レシオ 0.5 倍程度及び債務償還年数（NetDebt/EBITDA 倍率）1.5 年を下回る水準を中期目標として財務健全性の維持に努めています。また，複数の金融機関とコミットメントライン契約及び当座貸越契約を締結することで，十分な資金の流動性を確保しています。

⑤ 経営方針・経営戦略，経営上の目標の達成状況を判断するための客観的な指標等

経営方針・経営戦略，経営上の目標の達成状況を判断するための客観的な指標等については，「第2 事業の状況 1. 経営方針，経営環境及び対処すべき課題等 (3) 目標とする経営指標」に記載のとおりです。

当連結会計年度においては，2022 年 9 月に上方修正した 2023 年 1 月期の業績目標（連結売上高 29,300 億円，連結営業利益 2,600 億円，連結経常利益 2,600 億円，親会社株主に帰属する当期純利益 1,740 億円）に対し，実績は連結売上高 29,288 億円，連結営業利益 2,614 億円，連結経常利益 2,572 億円，親会社株主に帰属する当期純利益 1,845 億円となり，連結営業利益及び親会社株主に帰属する当期純利益については目標を上回る結果となりました。また，ROA は 9.1％（目標 10％），ROE は 11.9％（目標 10％）となりました。引き続き，目標数値の達成を目指します。

⑥ **重要な会計上の見積り及び当該見積りに用いた仮定**

　当社グループの連結財務諸表は，わが国において一般に公正妥当と認められている会計基準に基づき作成しています。

　この連結財務諸表の作成にあたり，資産，負債，収益及び費用の報告額に不確実性がある場合，作成時に入手可能な情報に基づいて，その合理的な金額を算出するために見積り及び仮定を用いていますが，これらの見積り及び仮定に基づく数値は実際の結果と異なる可能性があります。

　連結財務諸表の作成に用いた会計上の見積り及び仮定のうち，特に重要なものは，「第5　経理の状況　1．連結財務諸表等」の「(1) 連結財務諸表注記事項（重要な会計上の見積り）」に記載のとおりです。

　なお，新型コロナウイルス感染症の感染拡大が会計上の見積りに与える影響に関する情報は，「第5　経理の状況　1．連結財務諸表等」の「(1) 連結財務諸表注記事項（追加情報）」に記載のとおりです。

---

(point) **財務諸表**

　この項目では，連結ではなく単体の貸借対照表と，損益計算書の内訳を確認することができる。連結＝単体＋子会社なので，会社によっては単体の業績を調べて連結全体の業績予想のヒントにする場合があるが，あまりその必要性がある企業は多くない。

# 設備の状況

## 1 設備投資等の概要

　当社グループ（当社及び連結子会社）の当連結会計年度の設備投資額は89,512百万円です。提出会社においては，都市再開発事業に積極的な設備投資を実施し，また，戸建住宅事業，賃貸住宅事業及び分譲住宅事業の生産効率向上のため，部材生産設備を中心とした設備投資も実施しました。

　当連結会計年度の設備投資（有形固定資産及び無形固定資産の受入ベース数値）の内訳は次のとおりです。

| セグメントの名称 | 当連結会計年度<br>金額（百万円） | 増減比率<br>（%） |
|---|---|---|
| 戸建住宅事業 | 3,847 | △31.2 |
| 賃貸住宅事業 | 2,342 | 16.5 |
| 建築・土木事業 | 1,272 | △68.6 |
| リフォーム事業 | 60 | △1.5 |
| 不動産フィー事業 | 1,338 | 43.8 |
| 分譲住宅事業 | 899 | △41.8 |
| マンション事業 | 288 | 33.9 |
| 都市再開発事業 | 78,319 | 15.3 |
| 国際事業 | 1,875 | 26.9 |
| その他 | 134 | 76.5 |
| 計 | 90,381 | 7.7 |
| 全社(共通) | 4,949 | △11.9 |
| 合計 | 95,330 | 6.5 |

（注）金額には消費税等を含んでいません。

## 2 主要な設備の状況

当社グループ（当社及び連結子会社）における主要な設備は，次のとおりです。

## （1） 提出会社 ·······························································

2023年1月31日現在

| 事業所名<br>（所在地）<br>及び<br>設備の内容 | セグメントの<br>名称 | 帳簿価額（百万円） | | | | | | | 従業員数<br>（人） |
|---|---|---|---|---|---|---|---|---|---|
| | | 建物及び<br>構築物 | 機械装置<br>及び運搬具 | 土地 | | 工具、器具<br>及び備品 | リース<br>資産 | 合計 | |
| | | | | 面積<br>（千㎡） | 金額 | | | | |
| 本社<br>梅田スカイビル ※1<br>（大阪市北区） | 全社（共通）<br>都市再開発事業 | 11,028 | 28 | 19 | 21,769 | 55 | － | 32,881 | 1,107 |
| 工場 ※2<br>（5ヶ所） | 戸建住宅事業<br>賃貸住宅事業<br>分譲住宅事業 | 5,933 | 6,555 | 862<br>(71) | 9,645 | 348 | 135 | 22,619 | 1,037 |
| 総合住宅研究所<br>（京都府木津川市） | 全社（共通） | 1,926 | 0 | 28 | 2,083 | 39 | － | 4,048 | 56 |
| 賃貸等不動産 ※3<br>（119ヶ所） | 都市再開発事業 | 82,106 | 1,060 | 166<br>(15) | 173,843 | 2,780 | － | 259,789 | 66 |

※1　梅田スカイビルは連結会社以外への賃貸分を含めています。

※2　工場の内訳は以下のとおりです。

2023年1月31日現在

| 事業所名<br>（所在地） | セグメントの<br>名称 | 帳簿価額（百万円） | | | | | | | 従業員数<br>（人） |
|---|---|---|---|---|---|---|---|---|---|
| | | 建物及び<br>構築物 | 機械装置<br>及び運搬具 | 土地 | | 工具、器具<br>及び備品 | リース<br>資産 | 合計 | |
| | | | | 面積<br>（千㎡） | 金額 | | | | |
| 関東工場<br>（茨城県古河市） | 戸建住宅事業<br>賃貸住宅事業<br>分譲住宅事業 | 2,149 | 3,070 | 215<br>(41) | 2,821 | 205 | 105 | 8,351 | 317 |
| 山口工場<br>（山口県山口市） | 戸建住宅事業<br>賃貸住宅事業<br>分譲住宅事業 | 573 | 778 | 232<br>(4) | 2,150 | 40 | 1 | 3,544 | 233 |
| 静岡工場<br>（静岡県掛川市） | 戸建住宅事業<br>賃貸住宅事業<br>分譲住宅事業 | 1,253 | 2,107 | 246<br>(2) | 2,734 | 31 | 18 | 6,145 | 362 |
| 兵庫工場<br>（兵庫県加東市） | 戸建住宅事業<br>賃貸住宅事業<br>分譲住宅事業 | 553 | 365 | 59<br>(4) | 1,032 | 54 | － | 2,006 | 44 |
| 東北工場<br>（宮城県加美郡<br>色麻町） | 戸建住宅事業<br>賃貸住宅事業<br>分譲住宅事業 | 1,404 | 232 | 107<br>(19) | 1,036 | 16 | 10 | 2,700 | 81 |

※3　従業員数については，都市再開発事業セグメントに従事する人数を記載しています。

なお，賃貸等不動産の主な内訳は以下のとおりです。

2023年1月31日現在

| 設備の内容 | セグメントの名称 | 数量 | 帳簿価額<br>（百万円） |
|---|---|---|---|
| 賃貸用集合住宅 | 都市再開発事業 | 29ヶ所 | 62,471 |
| 賃貸用オフィス、商業ビル等 | 都市再開発事業 | 23ヶ所 | 195,594 |

## （2）　国内子会社 ·····················································

2023年1月31日現在

| 会社名 | 設備の内容 | セグメントの名称 | 帳簿価額(百万円) | | | | | | | | 従業員数(人)※ |
|---|---|---|---|---|---|---|---|---|---|---|---|
| | | | 建物及び構築物 | 機械装置及び運搬具 | 土地 | | 工具、器具及び備品 | リース資産 | 合計 | | |
| | | | | | 面積(千㎡) | 金額 | | | | | |
| 積水ハウス不動産東京㈱ | 賃貸等不動産(133ヶ所) | 都市再開発事業 | 31,669 | 199 | 43(94) | 17,312 | 107 | － | 49,288 | | 1,050 |
| 積水ハウス不動産中部㈱ | 賃貸等不動産(141ヶ所) | 都市再開発事業 | 14,752 | 29 | 57(121) | 7,855 | 63 | － | 22,701 | | 655 |
| 積水ハウス不動産関西㈱ | 賃貸等不動産(83ヶ所) | 都市再開発事業 | 15,912 | 70 | 46(47) | 5,546 | 4 | 139 | 21,672 | | 796 |
| 積水ハウス不動産中国四国㈱ | 賃貸等不動産(74ヶ所) | 都市再開発事業 | 10,997 | 103 | 18(92) | 4,233 | 5 | － | 15,340 | | 308 |
| 積水ハウス不動産東北㈱ | 賃貸等不動産(49ヶ所) | 都市再開発事業 | 6,380 | 23 | 23(62) | 3,828 | 7 | － | 10,240 | | 217 |

※各会社の従業員数を記載しています。

（注）　1　建設仮勘定の残高を含めていません。

2　土地の面積欄の（　）内の数字は連結会社以外からの賃借分を外数で示しています。

3　借地権の帳簿価額は，次のとおりです。

提出会社　積水ハウス（株）　賃貸等不動産　　　　　　　1,608百万円

国内子会社　積水ハウス不動産東京（株）　賃貸等不動産　425百万円

4　上記の他，リース契約（所有権移転外ファイナンス・リース）により使用する主な設備として次のものがあります。

2023年1月31日現在

| 名称 | 数量 | 契約期間 | リース料(年額)(百万円) | リース契約残高(百万円) |
|---|---|---|---|---|
| 業務用車両 | 6,038台 | 5～7年 | 2,389 | 5,678 |

## 3　設備の新設，除却等の計画

　当連結会計年度末における重要な設備の新設及び改修計画は，以下のとおりです。なお，重要な設備の除却，売却等の計画はありません。

## （1）　新設 ·····················································

| 会社名 | セグメントの名称 | 設備の内容等 | 予算額(百万円) | 既支払額(百万円) | 資金調達方法 | 着手年月 | 完了予定年月 |
|---|---|---|---|---|---|---|---|
| 積水ハウス㈱ | 都市再開発事業 | オフィス等賃貸等不動産 | 47,908 | － | 自己資金及び借入金等 | 2023年2月 | 2024年1月 |

## (2) 改修等（提出会社）

| 事業所名 | セグメントの名称 | 設備の内容等 | 予算額<br>（百万円） | 既支払額<br>（百万円） | 資金調達方法 | 着手年月 | 完了<br>予定年月 |
|---|---|---|---|---|---|---|---|
| 関東工場 | 戸建住宅事業<br>賃貸住宅事業<br>分譲住宅事業 | 工場の設備の増強及び合理化 | 8,363 | 2,553 | 自己資金 | 2020年6月 | 2026年12月 |
| 山口工場 | 戸建住宅事業<br>賃貸住宅事業<br>分譲住宅事業 | 工場の設備の増強及び合理化 | 2,962 | 315 | 自己資金 | 2020年8月 | 2027年1月 |
| 静岡工場 | 戸建住宅事業<br>賃貸住宅事業<br>分譲住宅事業 | 工場の設備の増強及び合理化 | 10,350 | 1,368 | 自己資金 | 2021年8月 | 2027年2月 |
| 兵庫工場 | 戸建住宅事業<br>賃貸住宅事業<br>分譲住宅事業 | 工場の設備の増強及び合理化 | 1,573 | 271 | 自己資金 | 2020年5月 | 2026年2月 |
| 東北工場 | 戸建住宅事業<br>賃貸住宅事業<br>分譲住宅事業 | 工場の設備の増強及び合理化 | 1,830 | － | 自己資金 | 2023年2月 | 2025年3月 |

# 提出会社の状況

## 1 株式等の状況

### (1) 株式の総数等

#### ① 株式の総数

| 種類 | 発行可能株式総数（株） |
|---|---|
| 普通株式 | 1,978,281,000 |
| 計 | 1,978,281,000 |

#### ② 発行済株式

| 種類 | 事業年度末現在<br>発行数（株）<br>（2023年1月31日） | 提出日現在<br>発行数（株）<br>（2023年4月26日） | 上場金融商品取引所名<br>又は登録認可金融商品<br>取引業協会名 | 内容 |
|---|---|---|---|---|
| 普通株式 | 684,683,466 | 662,683,466 | 東京証券取引所<br>（プライム市場）<br>名古屋証券取引所<br>（プレミア市場） | 単元株式数は100株です。 |
| 計 | 684,683,466 | 662,683,466 | － | － |

# ■ 経理の状況

**1. 連結財務諸表及び財務諸表の作成方法について** ·····························

(1) 当社の連結財務諸表は,「連結財務諸表の用語,様式及び作成方法に関する規則」(昭和51年大蔵省令第28号。以下「連結財務諸表規則」という。)に準拠して作成し,「建設業法施行規則」(昭和24年建設省令第14号)に準じて記載しています。

(2) 当社の財務諸表は,「財務諸表等の用語,様式及び作成方法に関する規則」(昭和38年大蔵省令第59号)第2条に基づき,同規則及び「建設業法施行規則」(昭和24年建設省令第14号)により作成しています。

**2. 監査証明について** ·····························

当社は,金融商品取引法第193条の2第1項の規定に基づき,連結会計年度(2022年2月1日から2023年1月31日まで)の連結財務諸表及び事業年度(2022年2月1日から2023年1月31日まで)の財務諸表について,EY新日本有限責任監査法人による監査を受けています。

**3. 連結財務諸表等の適正性を確保するための特段の取組みについて** ·············

当社は,連結財務諸表等の適正性を確保するための特段の取組みを行っています。具体的には,会計基準等の内容を適切に把握し,または会計基準等の変更等について的確に対応することができる体制を整備するため,公益財団法人財務会計基準機構へ加入し,同機構等の行うセミナー等に参加しています。

**（1） 連結財務諸表** ·······················································

① 連結貸借対照表

（単位：百万円）

| | 前連結会計年度<br>（2022年1月31日） | | 当連結会計年度<br>（2023年1月31日） | |
|---|---|---|---|---|
| **資産の部** | | | | |
| 流動資産 | | | | |
| 現金預金 | | 515,283 | | 332,903 |
| 受取手形・完成工事未収入金 | | 132,471 | | — |
| 受取手形・完成工事未収入金等 | | — | ※1 | 157,123 |
| 未成工事支出金 | | 18,299 | | 17,202 |
| 分譲建物 | ※4,※6,※8 | 436,973 | ※4,※6,※8 | 534,391 |
| 分譲土地 | ※4,※6,※8 | 589,879 | ※4,※6,※8 | 723,941 |
| 未成分譲土地 | | 149,828 | ※4 | 177,095 |
| その他の棚卸資産 | ※2 | 9,501 | ※2 | 12,160 |
| その他 | ※5,※6 | 101,672 | ※5,※6 | 140,200 |
| 貸倒引当金 | | △1,179 | | △1,136 |
| 流動資産合計 | | 1,952,729 | | 2,093,883 |
| 固定資産 | | | | |
| 有形固定資産 | | | | |
| 建物及び構築物 | ※4,※6 | 365,224 | ※4,※6 | 388,523 |
| 機械装置及び運搬具 | ※4 | 71,333 | ※4 | 75,108 |
| 工具、器具及び備品 | ※4 | 37,007 | ※4 | 39,657 |
| 土地 | ※4,※6 | 284,788 | ※4,※6 | 277,568 |
| リース資産 | | 5,157 | | 19,746 |
| 建設仮勘定 | ※4 | 49,597 | ※4 | 32,080 |
| 減価償却累計額 | | △272,397 | | △278,123 |
| 有形固定資産合計 | | 540,711 | | 554,562 |
| 無形固定資産 | | | | |
| のれん | | 250 | | 31,406 |
| 工業所有権 | | 31 | | 716 |
| 借地権 | | 2,575 | | 2,292 |
| ソフトウエア | ※4 | 14,586 | | 14,807 |
| 施設利用権 | ※4 | 201 | ※4 | 172 |
| 電話加入権 | | 308 | | 258 |
| その他 | | 34 | | 1,462 |
| 無形固定資産合計 | | 17,988 | | 51,117 |
| 投資その他の資産 | | | | |
| 投資有価証券 | ※3,※6 | 190,334 | ※3,※6 | 191,500 |
| 長期貸付金 | ※6 | 5,793 | ※6 | 5,636 |
| 退職給付に係る資産 | | 7,206 | | 32,501 |
| 繰延税金資産 | | 24,091 | | 18,219 |
| その他 | ※5 | 62,626 | ※5 | 62,321 |
| 貸倒引当金 | | △294 | | △2,206 |
| 投資その他の資産合計 | | 289,759 | | 307,973 |
| 固定資産合計 | | 848,459 | | 913,653 |
| 資産合計 | | 2,801,189 | | 3,007,537 |

| | 前連結会計年度<br>（2022年1月31日） | 当連結会計年度<br>（2023年1月31日） |
|---|---|---|
| **負債の部** | | |
| 流動負債 | | |
| 支払手形・工事未払金 | 111,022 | 124,420 |
| 電子記録債務 | 96,635 | 102,416 |
| 短期借入金 | 219,218 | 305,503 |
| 1年内償還予定の社債 | － | 30,000 |
| 1年内返済予定の長期借入金 | ※6,※8 16,235 | ※6,※8 71,664 |
| 未払法人税等 | 43,021 | 34,641 |
| 未成工事受入金 | 207,798 | ※9 192,236 |
| 賞与引当金 | 31,270 | 36,497 |
| 役員賞与引当金 | 1,385 | 1,019 |
| 完成工事補償引当金 | 3,897 | 4,906 |
| その他 | 137,416 | 141,337 |
| 流動負債合計 | 867,903 | 1,044,643 |
| 固定負債 | | |
| 社債 | 170,000 | 20,000 |
| 長期借入金 | ※6,※8 136,556 | ※6,※8 157,372 |
| 長期預り敷金保証金 | ※6 59,079 | ※6 59,535 |
| 繰延税金負債 | 464 | 933 |
| 役員退職慰労引当金 | 864 | 692 |
| 退職給付に係る負債 | 30,733 | 29,286 |
| その他 | 14,626 | 27,525 |
| 固定負債合計 | 412,325 | 295,347 |
| 負債合計 | 1,280,229 | 1,339,990 |
| **純資産の部** | | |
| 株主資本 | | |
| 資本金 | 202,591 | 202,591 |
| 資本剰余金 | 258,989 | 259,864 |
| 利益剰余金 | 940,135 | 1,056,475 |
| 自己株式 | △20,975 | △50,656 |
| 株主資本合計 | 1,380,740 | 1,468,274 |
| その他の包括利益累計額 | | |
| その他有価証券評価差額金 | 41,488 | 40,449 |
| 繰延ヘッジ損益 | 141 | 623 |
| 為替換算調整勘定 | 47,245 | 99,689 |
| 退職給付に係る調整累計額 | 4,323 | 23,793 |
| その他の包括利益累計額合計 | 93,199 | 164,556 |
| 新株予約権 | 186 | 134 |
| 非支配株主持分 | 46,832 | 34,581 |
| 純資産合計 | 1,520,959 | 1,667,546 |
| 負債純資産合計 | 2,801,189 | 3,007,537 |

## ② 連結損益計算書及び連結包括利益計算書

### 連結損益計算書

（単位：百万円）

| | 前連結会計年度<br>（自　2021年2月1日<br>至　2022年1月31日） | | 当連結会計年度<br>（自　2022年2月1日<br>至　2023年1月31日） | |
|---|---|---|---|---|
| 売上高 | | 2,589,579 | ※1 | 2,928,835 |
| 売上原価 | ※2,※6 | 2,060,702 | ※2,※6 | 2,344,537 |
| 売上総利益 | | 528,877 | | 584,297 |
| 販売費及び一般管理費 | | | | |
| 　販売費 | ※3 | 56,031 | ※3 | 54,787 |
| 　一般管理費 | ※3,※6 | 242,684 | ※3,※6 | 268,020 |
| 　販売費及び一般管理費合計 | | 298,716 | | 322,808 |
| 営業利益 | | 230,160 | | 261,489 |
| 営業外収益 | | | | |
| 　受取利息 | | 2,604 | | 2,284 |
| 　受取配当金 | | 1,904 | | 2,096 |
| 　為替差益 | | 1,134 | | — |
| 　その他 | | 3,446 | | 4,526 |
| 　営業外収益合計 | | 9,088 | | 8,907 |
| 営業外費用 | | | | |
| 　支払利息 | | 3,836 | | 5,317 |
| 　持分法による投資損失 | | 1,238 | | 2,087 |
| 　為替差損 | | — | | 723 |
| 　その他 | | 4,080 | | 4,995 |
| 　営業外費用合計 | | 9,155 | | 13,124 |
| 経常利益 | | 230,094 | | 257,272 |
| 特別利益 | | | | |
| 　関係会社清算益 | | 3,088 | | 16,813 |
| 　投資有価証券売却益 | | 1,166 | | 397 |
| 　関係会社株式売却益 | | 2,246 | | 5 |
| 　特別利益合計 | | 6,501 | | 17,216 |
| 特別損失 | | | | |
| 　減損損失 | ※4 | 539 | ※4 | 2,898 |
| 　貸倒引当金繰入額 | | — | | 1,991 |
| 　固定資産除売却損 | ※5 | 1,629 | ※5 | 1,759 |
| 　投資有価証券売却損 | | 51 | | 128 |
| 　投資有価証券評価損 | | 21 | | — |
| 　新型コロナウイルス感染症による損失 | ※7 | 19 | | — |
| 　特別損失合計 | | 2,261 | | 6,778 |
| 税金等調整前当期純利益 | | 234,334 | | 267,710 |
| 法人税、住民税及び事業税 | | 75,789 | | 77,214 |
| 法人税等調整額 | | △5,470 | | △831 |
| 法人税等合計 | | 70,319 | | 76,383 |
| 当期純利益 | | 164,015 | | 191,327 |
| 非支配株主に帰属する当期純利益 | | 10,109 | | 6,806 |
| 親会社株主に帰属する当期純利益 | | 153,905 | | 184,520 |

## 連結包括利益計算書

（単位：百万円）

| | 前連結会計年度<br>（自　2021年2月1日<br>至　2022年1月31日） | 当連結会計年度<br>（自　2022年2月1日<br>至　2023年1月31日） |
|---|---|---|
| 当期純利益 | 164,015 | 191,327 |
| その他の包括利益 | | |
| 　その他有価証券評価差額金 | 862 | △703 |
| 　為替換算調整勘定 | 40,766 | 44,957 |
| 　退職給付に係る調整額 | 15,103 | 19,373 |
| 　持分法適用会社に対する持分相当額 | 4,315 | 7,976 |
| 　その他の包括利益合計 | ※1　61,048 | ※1　71,604 |
| 包括利益 | 225,063 | 262,931 |
| （内訳） | | |
| 　親会社株主に係る包括利益 | 215,253 | 255,876 |
| 　非支配株主に係る包括利益 | 9,810 | 7,054 |

### ③ 連結株主資本等変動計算書

### 前連結会計年度（自 2021年2月1日 至 2022年1月31日）

（単位：百万円）

| | 株主資本 | | | | |
|---|---|---|---|---|---|
| | 資本金 | 資本剰余金 | 利益剰余金 | 自己株式 | 株主資本合計 |
| 当期首残高 | 202,591 | 258,989 | 839,985 | △6,883 | 1,294,682 |
| 会計方針の変更による累積的影響額 | － | － | － | － | － |
| 会計方針の変更を反映した当期首残高 | 202,591 | 258,989 | 839,985 | △6,883 | 1,294,682 |
| 当期変動額 | | | | | |
| 剰余金の配当 | － | － | △55,608 | － | △55,608 |
| 親会社株主に帰属する当期純利益 | － | － | 153,905 | － | 153,905 |
| 自己株式の取得 | － | － | － | △15,015 | △15,015 |
| 自己株式の処分 | － | － | △361 | 923 | 562 |
| 連結範囲の変動 | － | － | 2,214 | － | 2,214 |
| 連結子会社株式の取得による持分の増減 | － | △0 | － | － | △0 |
| 株主資本以外の項目の当期変動額（純額） | － | － | － | － | － |
| 当期変動額合計 | － | △0 | 100,149 | △14,091 | 86,057 |
| 当期末残高 | 202,591 | 258,989 | 940,135 | △20,975 | 1,380,740 |

| | その他の包括利益累計額 | | | | | 新株予約権 | 非支配株主持分 | 純資産合計 |
|---|---|---|---|---|---|---|---|---|
| | その他有価証券評価差額金 | 繰延ヘッジ損益 | 為替換算調整勘定 | 退職給付に係る調整累計額 | その他の包括利益累計額合計 | | | |
| 当期首残高 | 40,174 | △45 | 2,355 | △10,631 | 31,852 | 508 | 41,842 | 1,368,887 |
| 会計方針の変更による累積的影響額 | － | － | － | － | － | － | － | － |
| 会計方針の変更を反映した当期首残高 | 40,174 | △45 | 2,355 | △10,631 | 31,852 | 508 | 41,842 | 1,368,887 |
| 当期変動額 | | | | | | | | |
| 剰余金の配当 | － | － | － | － | － | － | － | △55,608 |
| 親会社株主に帰属する当期純利益 | － | － | － | － | － | － | － | 153,905 |
| 自己株式の取得 | － | － | － | － | － | － | － | △15,015 |
| 自己株式の処分 | － | － | － | － | － | － | － | 562 |
| 連結範囲の変動 | － | － | － | － | － | － | － | 2,214 |
| 連結子会社株式の取得による持分の増減 | － | － | － | － | － | － | － | △0 |
| 株主資本以外の項目の当期変動額（純額） | 1,314 | 187 | 44,890 | 14,955 | 61,347 | △322 | 4,989 | 66,014 |
| 当期変動額合計 | 1,314 | 187 | 44,890 | 14,955 | 61,347 | △322 | 4,989 | 152,072 |
| 当期末残高 | 41,488 | 141 | 47,245 | 4,323 | 93,199 | 186 | 46,832 | 1,520,959 |

当連結会計年度（自　2022年2月1日　至　2023年1月31日）

（単位：百万円）

| | 株主資本 | | | | |
|---|---|---|---|---|---|
| | 資本金 | 資本剰余金 | 利益剰余金 | 自己株式 | 株主資本合計 |
| 当期首残高 | 202,591 | 258,989 | 940,135 | △20,975 | 1,380,740 |
| 会計方針の変更による累積的影響額 | — | — | △1,715 | — | △1,715 |
| 会計方針の変更を反映した当期首残高 | 202,591 | 258,989 | 938,419 | △20,975 | 1,379,025 |
| 当期変動額 | | | | | |
| 剰余金の配当 | — | — | △66,400 | — | △66,400 |
| 親会社株主に帰属する当期純利益 | — | — | 184,520 | — | 184,520 |
| 自己株式の取得 | — | — | — | △30,014 | △30,014 |
| 自己株式の処分 | — | — | △64 | 333 | 269 |
| 連結範囲の変動 | — | — | — | — | — |
| 連結子会社株式の取得による持分の増減 | — | 874 | — | — | 874 |
| 株主資本以外の項目の当期変動額（純額） | — | — | — | — | — |
| 当期変動額合計 | — | 874 | 118,055 | △29,680 | 89,249 |
| 当期末残高 | 202,591 | 259,864 | 1,056,475 | △50,656 | 1,468,274 |

| | その他の包括利益累計額 | | | | | 新株予約権 | 非支配株主持分 | 純資産合計 |
|---|---|---|---|---|---|---|---|---|
| | その他有価証券評価差額金 | 繰延ヘッジ損益 | 為替換算調整勘定 | 退職給付に係る調整累計額 | その他の包括利益累計額合計 | | | |
| 当期首残高 | 41,488 | 141 | 47,245 | 4,323 | 93,199 | 186 | 46,832 | 1,520,959 |
| 会計方針の変更による累積的影響額 | — | — | — | — | — | — | — | △1,715 |
| 会計方針の変更を反映した当期首残高 | 41,488 | 141 | 47,245 | 4,323 | 93,199 | 186 | 46,832 | 1,519,243 |
| 当期変動額 | | | | | | | | |
| 剰余金の配当 | — | — | — | — | — | — | — | △66,400 |
| 親会社株主に帰属する当期純利益 | — | — | — | — | — | — | — | 184,520 |
| 自己株式の取得 | — | — | — | — | — | — | — | △30,014 |
| 自己株式の処分 | — | — | — | — | — | — | — | 269 |
| 連結範囲の変動 | — | — | — | — | — | — | — | — |
| 連結子会社株式の取得による持分の増減 | — | — | — | — | — | — | — | 874 |
| 株主資本以外の項目の当期変動額（純額） | △1,039 | 481 | 52,443 | 19,470 | 71,356 | △52 | △12,250 | 59,053 |
| 当期変動額合計 | △1,039 | 481 | 52,443 | 19,470 | 71,356 | △52 | △12,250 | 148,302 |
| 当期末残高 | 40,449 | 623 | 99,689 | 23,793 | 164,556 | 134 | 34,581 | 1,667,546 |

④ 連結キャッシュ・フロー計算書

（単位：百万円）

| | 前連結会計年度<br>（自　2021年2月1日<br>至　2022年1月31日） | 当連結会計年度<br>（自　2022年2月1日<br>至　2023年1月31日） |
|---|---|---|
| 営業活動によるキャッシュ・フロー | | |
| 税金等調整前当期純利益 | 234,334 | 267,710 |
| 減価償却費 | 24,069 | 26,711 |
| 減損失 | 539 | 2,898 |
| 退職給付に係る負債の増減額（△は減少） | 3,382 | 980 |
| 退職給付に係る資産の増減額（△は増加） | 158 | 112 |
| 受取利息及び受取配当金 | △4,508 | △4,380 |
| 支払利息 | 3,836 | 5,317 |
| 持分法による投資損益（△は益） | 1,238 | 2,087 |
| 投資有価証券売却損益（△は益） | △1,114 | △269 |
| 投資有価証券評価損益（△は益） | 21 | — |
| 関係会社清算損益（△は益） | △3,088 | △16,813 |
| 関係会社株式売却損益（△は益） | △2,246 | △5 |
| 貸倒引当金繰入額 | — | 1,991 |
| 売上債権の増減額（△は増加） | 13,462 | △24,158 |
| 棚卸資産の増減額（△は増加） | △85,515 | △38,493 |
| 仕入債務の増減額（△は減少） | 17,640 | 8,276 |
| 未成工事受入金の増減額（△は減少） | △7,059 | △20,526 |
| その他 | △16,001 | 3,887 |
| 小計 | 179,149 | 215,326 |
| 利息及び配当金の受取額 | 8,151 | 11,437 |
| 利息の支払額 | △4,530 | △6,812 |
| 法人税等の支払額 | △64,735 | △94,487 |
| 営業活動によるキャッシュ・フロー | 118,034 | 125,464 |
| 投資活動によるキャッシュ・フロー | | |
| 有形固定資産の取得による支出 | △82,951 | △92,162 |
| 有形固定資産の売却による収入 | 727 | 2,843 |
| 投資有価証券の取得による支出 | △11,487 | △5,163 |
| 投資有価証券の売却及び償還による収入 | 3,670 | 3,010 |
| 連結の範囲の変更を伴う子会社株式の取得による支出 | ※2　△35,701 | ※2　△69,595 |
| 連結の範囲の変更を伴う子会社株式の売却による収入 | 87 | — |
| 貸付けによる支出 | △2,187 | △753 |
| 貸付金の回収による収入 | 11,669 | 1,014 |
| その他 | 2,467 | △4,604 |
| 投資活動によるキャッシュ・フロー | △113,706 | △165,409 |
| 財務活動によるキャッシュ・フロー | | |
| 短期借入金の純増減額（△は減少） | 33,219 | 37,357 |
| 長期借入れによる収入 | 26,748 | 66,291 |
| 長期借入金の返済による支出 | △64,168 | △21,768 |
| 社債の償還による支出 | △30,000 | △120,000 |
| 配当金の支払額 | △55,608 | △66,400 |
| 自己株式の取得による支出 | △15,015 | △30,014 |
| 連結の範囲の変更を伴わない子会社株式の取得による支出 | △0 | △15,956 |
| その他 | △6,876 | △5,288 |
| 財務活動によるキャッシュ・フロー | △111,701 | △155,780 |
| 現金及び現金同等物に係る換算差額 | 20,124 | 13,298 |
| 現金及び現金同等物の増減額（△は減少） | △87,248 | △182,426 |
| 現金及び現金同等物の期首残高 | 600,234 | 515,174 |
| 連結の範囲の変更に伴う現金及び現金同等物の増減額（△は減少） | 2,188 | — |
| 現金及び現金同等物の期末残高 | ※1　515,174 | ※1　332,747 |

【注記事項】
（連結財務諸表作成のための基本となる重要な事項）

## 1. 連結の範囲に関する事項 ・・・・・・・・・・・・・・・・・・・・・・・・・・・・・・・・・・・・・・・・・・・・・・・・・・・

　　連結子会社　345社

　　　　主要な連結子会社名は「第1　企業の概況　4　関係会社の状況」に記載
　　しているため省略しています。

　　　　新規設立や取得等に伴い20社増加しています。また，10社が合併，清算
　　等により減少しています。

　　主要な非連結子会社の名称

　　　　鳳保険サービス株式会社他6社

　　　　（連結の範囲から除いた理由）

　　　　非連結子会社は，いずれも小規模会社であり，合計の総資産，売上高，
　　当期純損益（持分に見合う額）及び利益剰余金（持分に見合う額）等は，連
　　結財務諸表に重要な影響を及ぼしていないため，連結の範囲から除外してい
　　ます。

## 2. 持分法の適用に関する事項 ・・・・・・・・・・・・・・・・・・・・・・・・・・・・・・・・・・・・・・・・・・・・・・

　　持分法適用会社　40社（いずれも関連会社）

　　　　主要な持分法適用会社名は「第1　企業の概況　4　関係会社の状況」に
　　記載しているため省略しています。

　　　　持分出資等により7社増加しています。また，1社が清算により減少して
　　います。

　　持分法を適用しない非連結子会社及び関連会社のうち主要な会社等の名称

　　　　非連結子会社及び関連会社　鳳保険サービス株式会社他7社

　　　　（持分法を適用しない理由）

　　　　持分法を適用しない非連結子会社及び関連会社は，当期純損益（持分に見
　　合う額）及び利益剰余金（持分に見合う額）等からみて，持分法の対象から
　　除いても連結財務諸表に及ぼす影響が軽微であり，かつ，全体としても重要
　　性がないため持分法の適用範囲から除外しています。

他の会社等の議決権の100分の20以上，100分の50以下を自己の計算において所有しているにも関わらず関連会社としなかった会社等の名称

　株式会社思永コミュニティサービス他1社

（関連会社としなかった理由）

　　上記会社の議決権の100分の20以上，100分の50以下を間接所有していますが，実質的な影響力を及ぼしていないと認められることから，関連会社から除外しています。

## 3．連結子会社の事業年度等に関する事項

　連結子会社のうち，決算日が3月31日の連結子会社3社については，連結財務諸表の作成にあたって，1月31日現在で仮決算を行いその財務諸表を使用しています。決算日が3月31日の連結子会社2社については，連結財務諸表の作成にあたって，12月31日現在で仮決算を行いその財務諸表を使用し，連結決算日までの間に生じた重要な取引については，連結上必要な調整を行っています。

　決算日が11月30日の連結子会社4社，12月31日の連結子会社300社については，連結財務諸表の作成にあたって，子会社の決算日現在の財務諸表を使用し，連結決算日までの間に生じた重要な取引については，連結上必要な調整を行っています。

## 4．会計方針に関する事項

## （1）　重要な資産の評価基準及び評価方法

（イ）　有価証券

　①　満期保有目的の債券

　　　償却原価法（定額法）

　②　その他有価証券

　　　市場価格のない株式等以外のもの

　　　　時価法

　　　　（評価差額は全部純資産直入法により処理し，売却原価は移動平均法により算定）

市場価格のない株式等

　　　移動平均法に基づく原価法

（ロ）　デリバティブ

　　時価法

（ハ）　棚卸資産

　　評価基準は原価法（貸借対照表価額については収益性の低下に基づく簿価切下げの方法）によっています。

　　半製品・原材料・仕掛品及び貯蔵品については移動平均法，未成工事支出金・分譲建物・分譲土地及び未成分譲土地については個別法によっています。

## （2）　重要な減価償却資産の減価償却の方法 ·····················

（イ）　有形固定資産（リース資産を除く）

　　建物（建物附属設備を除く）並びに 2016 年 4 月 1 日以降に取得した建物附属設備及び構築物については定額法，その他の有形固定資産については定率法を採用しています。

（ロ）　無形固定資産（リース資産を除く）

　　定額法を採用しています。

（ハ）　リース資産

　　所有権移転外ファイナンス・リース取引に係るリース資産については，リース期間を耐用年数とし，残存価額を零とする定額法を採用しています。

## （3）　重要な引当金の計上基準 ······························

（イ）　貸倒引当金

　　債権の貸倒れによる損失に備えるため，一般債権については貸倒実績率により，貸倒懸念債権等特定の債権については個別に回収可能性を検討し，回収不能見込額を計上しています。

（ロ）　賞与引当金

　　従業員に対し支給する賞与に充てるため，支給見込額のうち，当連結会計年度に負担すべき額を計上しています。

（ハ）　役員賞与引当金

　　　役員に対し支給する賞与に充てるため，支給見込額に基づき計上しています。

（ニ）　完成工事補償引当金

　　　建築物の引渡後の瑕疵による損失及び補償サービス費用を補填するため，過去の完成工事及び分譲建物に係る補修費等の実績を基準として計上しています。

（ホ）　役員退職慰労引当金

　　　役員の退職に際し支給する退職慰労金に充てるため，内規に基づく連結会計年度末現在の要支給額を計上しています。

**（4）　退職給付に係る会計処理の方法** ·············································

（イ）　退職給付見込額の期間帰属方法

　　　退職給付債務の算定にあたり，退職給付見込額を当連結会計年度末までの期間に帰属させる方法については，給付算定式基準によっています。

（ロ）　数理計算上の差異及び過去勤務費用の費用処理方法

　　　数理計算上の差異は，5年から14年による定額法により按分した額を発生の翌連結会計年度から費用処理することとしています。また，過去勤務費用については，5年から13年による定額法により按分した額を発生した連結会計年度より費用処理することとしています。

**（5）　重要な収益及び費用の計上基準** ·············································

（イ）　顧客との契約から生じる収益

　　　当社及び連結子会社の顧客との契約から生じる収益に関する主要な事業における主な履行義務の内容及び当該履行義務を充足する通常の時点（収益を認識する通常の時点）は以下の通りです。

　　①　注文請負取引

　　　注文請負取引については，顧客と工事請負契約を締結し当該契約に基づき，建築工事を行い完成した建設物等を顧客に引き渡す履行義務を負っています。当該契約については，一定の期間にわたり履行義務が充足されるもので

あると判断し，履行義務の充足に係る進捗度に基づき収益を認識しています。進捗度の見積りの方法は，工事原価総額に対する発生原価の割合（インプット法）で算出しています。なお，工期のごく短い工事契約等については，完全に履行義務を充足した時点で収益を認識する代替的な取扱いを適用しています。

② 不動産分譲取引

不動産分譲取引については，顧客との不動産売買契約に基づき，物件を顧客に引き渡す履行義務を負っています。当該契約については，物件が引き渡される一時点で履行義務が充足されるものであると判断し，顧客へ物件を引き渡した時点で収益を認識しています。

（ロ） その他の収益

不動産賃貸取引については，「リース取引に関する会計基準」（企業会計基準第13号）に基づき，賃貸借期間にわたり収益を認識しています。

## (6) 重要な外貨建の資産又は負債の本邦通貨への換算基準

外貨建金銭債権債務は，連結決算日の直物為替相場により円貨に換算し，換算差額は損益として処理しています。なお，在外子会社の資産及び負債は，在外子会社の決算日の直物為替相場により円貨に換算し，収益及び費用は期中平均相場により円貨に換算し，換算差額は純資産の部における為替換算調整勘定及び非支配株主持分に含めて計上しています。

## (7) 重要なヘッジ会計の方法

（イ） ヘッジ会計の方法

繰延ヘッジ処理を採用しています。なお，為替予約取引については，振当処理の要件を満たしている場合には，振当処理を採用しています。

（ロ） ヘッジ手段とヘッジ対象

① 外貨建金銭債務及び予定取引をヘッジ対象として，為替予約取引をヘッジ手段としています。

② 借入金をヘッジ対象として，金利スワップ取引をヘッジ手段としています。

（ハ）　ヘッジ方針

　　　為替及び金利等の変動による損失を回避する目的でデリバティブ取引を行っ
　　ています。なお，為替予約取引は外貨建取引高の範囲内に限定しており，また，
　　金利スワップ取引の想定元本は対象となる有利子負債の範囲内に限定していま
　　す。

（ニ）　ヘッジ有効性評価の方法

　　　ヘッジ手段とヘッジ対象の変動額が概ね80％から125％の範囲内にあるこ
　　とを検証しています。ただし，為替予約取引については，ヘッジ手段とヘッジ
　　対象に関する重要な条件等が一致しており，かつキャッシュ・フローが固定さ
　　れているため，ヘッジの有効性評価を省略しています。


## （8）　のれんの償却方法及び償却期間

　　のれんは，実質的判断による償却期間の見積りが可能なものはその見積り年数
で，その他については5年間で発生した連結会計年度より均等償却を行っていま
す。なお，金額が僅少なものについては発生した連結会計年度に一括償却してい
ます。


## （9）　連結キャッシュ・フロー計算書における資金の範囲

　　現金及び預金（預入期間が3ヶ月を超える定期預金を除く）並びに取得日から
3ヶ月以内に償還期限の到来する短期投資で，容易に換金可能であり，かつ，価
値の変動について僅少なリスクしか負わないものとしています。


## （10）　その他連結財務諸表作成のための重要な事項

（イ）　消費税等の会計処理

　　　消費税及び地方消費税の会計処理は税抜方式によっています。なお，不動産
　　賃貸事業を主要な事業とする連結子会社における固定資産に係る控除対象外消
　　費税等については，投資その他の資産の「その他」に計上し，5年間で均等償
　　却を行っています。その他の控除対象外消費税等については，発生連結会計年
　　度の期間費用としています。

（ロ）　支払利息の取得原価への算入

　　在外連結子会社については，所在地国の会計基準に従い，不動産開発事業に要した資金に係る支払利息を取得原価に算入しています。当連結会計年度においては，「分譲建物」，「分譲土地」，及び「未成分譲土地」の残高に含まれる支払利息は，それぞれ14,061百万円，11,461百万円，499百万円です。なお，前連結会計年度においては，「分譲建物」，「分譲土地」，及び「未成分譲土地」の残高に含まれる支払利息は，それぞれ7,872百万円，9,295百万円，430百万円です。


（重要な会計上の見積り）

## （1）　販売用不動産の評価 ·········································

①　当連結会計年度の連結財務諸表に計上した金額

（単位：百万円）

|  | 前連結会計年度 | 当連結会計年度 |
|---|---|---|
| 分譲建物 | 436,973 | 534,391 |
| 分譲土地 | 589,879 | 723,941 |
| 未成分譲土地 | 149,828 | 177,095 |
| 評価損計上額（売上原価） | 10,032 | 10,873 |

②　識別した項目に係る重要な会計上の見積りの内容に関する情報

　　イ　当連結会計年度の連結財務諸表に計上した金額の算出方法

　　　　販売用不動産について，期末における正味売却価額が帳簿価額を下回る場合には，帳簿価額を正味売却価額まで減額し，当該減少額を評価損として計上しています。正味売却価額の算定に際しては，個別物件ごとの販売価格や将来の事業計画等に基づき，見積りを行っています。

　　ロ　主要な仮定

　　　　正味売却価額の算出に用いた主要な仮定は将来獲得収益及び工事原価であり，物件の立地，規模，商品性，類似不動産の取引事例，不動産市況等を踏まえ事業計画の見積りを行っています。

　　ハ　翌連結会計年度の連結財務諸表に与える影響

　　　　翌連結会計年度において，経済情勢や市況の悪化等により，主要な仮

定に変化があった場合は，追加で評価損の計上が必要となる可能性があります。

## (2) 固定資産の評価 ·············································································

① 当連結会計年度の連結財務諸表に計上した金額

(単位：百万円)

|  | 前連結会計年度 | 当連結会計年度 |
|---|---|---|
| 有形固定資産合計 | 540,711 | 554,562 |
| 無形固定資産合計 | 17,988 | 51,117 |
| 減損損失 | 539 | 2,898 |

② 識別した項目に係る重要な会計上の見積りの内容に関する情報

イ 当連結会計年度の連結財務諸表に計上した金額の算出方法

投資不動産については物件ごとに資産のグルーピングを行い，それ以外の資産については損益管理を合理的に行い得る事業単位で資産のグルーピングを行い，その結果，営業損益又はキャッシュ・フローの継続的なマイナス，市場価格の著しい下落，用途変更等によって減損の兆候のある資産又は資産グループについて減損の判定を行っています。減損損失を認識すべきと判定した場合は，帳簿価額を回収可能価額まで減額し，当該減少額を減損損失として計上しています。なお，回収可能価額は正味売却価額と使用価値のいずれか高い価額とし，正味売却価額は主要な投資不動産については不動産鑑定士から鑑定評価額を入手し，それ以外の資産については不動産鑑定評価基準に準ずる方法等により算定した評価額より，処分費用見込額を差し引いて算定しています。また，使用価値は将来キャッシュ・フロー見積額を，現在価値に割り引いて算定しています。

ロ 主要な仮定

将来キャッシュ・フローの見積りや回収可能価額の算定における主要な仮定は，賃料・ADR（客室平均単価）・空室率・稼働率・割引率及びキャップレートです。賃料・ADR（客室平均単価）・空室率・稼働率については，市場の動向，類似不動産の取引事例，過去の実績等を総合的に勘案し，決定しています。割引率については，類似の取引事例や金利推移等を踏ま

え決定しています。また，主要な投資不動産のキャップレートについては，不動産鑑定士より入手し利用しています。なお，新型コロナウイルス感染症の広がりによる影響は，翌連結会計年度においても一定の影響が継続するものの徐々に回復するものと仮定し見積りを行っています。

　ハ　翌連結会計年度の連結財務諸表に与える影響

　　翌連結会計年度において，経済情勢や市況の悪化等により，主要な仮定に変化があった場合は，追加で減損損失の計上が必要となる可能性があります。


（会計方針の変更）

　（「収益認識に関する会計基準」等の適用）

　「収益認識に関する会計基準」（企業会計基準第29号　2020年3月31日。以下「収益認識会計基準」という。）等を当連結会計年度の期首から適用し，約束した財又はサービスの支配が顧客に移転した時点で，当該財又はサービスと交換に受け取ると見込まれる金額で収益を認識することとしています。

　収益認識会計基準等の適用については，収益認識会計基準第84項ただし書きに定める経過的な取扱いに従っており，当連結会計年度の期首より前に新たな会計方針を遡及適用した場合の累積的影響額を，当連結会計年度の期首の利益剰余金に加減し，当該期首残高から新たな会計方針を適用しています。ただし，収益認識会計基準第86項に定める方法を適用し，当連結会計年度の期首より前までに従前の取扱いに従ってほとんどすべての収益の額を認識した契約に，新たな会計方針を遡及適用していません。また，収益認識会計基準第86項また書き（1）に定める方法を適用し，当連結会計年度の期首より前までに行われた契約変更について，すべての契約変更を反映した後の契約条件に基づき，会計処理を行い，その累積的影響額を当連結会計年度の期首の利益剰余金に加減しています。

　なお，当連結会計年度において，連結財務諸表に与える影響は軽微です。

　収益認識会計基準等を適用したため，前連結会計年度の連結貸借対照表において，「流動資産」に表示していた「受取手形・完成工事未収入金」は，当連結会計年度より「受取手形・完成工事未収入金等」に含めて表示することとしました。

---

なお，収益認識会計基準第89-2項に定める経過的な取扱いに従って，前連結会計年度について新たな表示方法により組替えを行っていません。さらに，収益認識会計基準第89-3項に定める経過的な取扱いに従って，前連結会計年度に係る「収益認識関係」注記については記載していません。

　（「時価の算定に関する会計基準」等の適用）
　「時価の算定に関する会計基準」（企業会計基準第30号　2019年7月4日。以下「時価算定会計基準」という。）等を当連結会計年度の期首から適用し，時価算定会計基準第19項及び「金融商品に関する会計基準」（企業会計基準第10号　2019年7月4日）第44-2項に定める経過的な取扱いに従って，時価算定会計基準等が定める新たな会計方針を，将来にわたって適用することとしています。これによる，連結財務諸表に与える影響はありません。
　また，「金融商品関係」注記において，金融商品の時価のレベルごとの内訳等に関する事項等の注記を行うこととしました。ただし，「金融商品の時価等の開示に関する適用指針」（企業会計基準適用指針第19号 2019年7月4日）第7－4項に定める経過的な取扱いに従って，当該注記のうち前連結会計年度に係るものについては記載していません。

　（ASU第2016-02号「リース」の適用）
　米国会計基準を適用している在外子会社において，ASU第2016-02号「リース」（2016年2月25日。以下「ASU第2016-02号」という。）を当連結会計年度より適用しています。
　ASU第2016-02号の適用により，借り手のリースは，原則としてすべてのリースについて資産及び負債を認識しています。当該会計基準の適用にあたっては，経過措置として認められている当該会計基準の適用による累積的影響を適用開始日に認識する方法を採用しています。
　なお，当連結会計年度において，連結財務諸表に与える影響は軽微です。

　（未適用の会計基準等）

「時価の算定に関する会計基準の適用指針」
・「時価の算定に関する会計基準の適用指針」（企業会計基準適用指針第31号
　　2021年6月17日）
（1）　概要
　投資信託の時価の算定及び注記に関する取扱い並びに貸借対照表に持分相当額
を純額で計上する組合等への出資の時価の注記に関する取扱いが定められました。
（2）　適用予定日
　2024年1月期の期首から適用予定です。
（3）　当該会計基準等の適用による影響
　「時価の算定に関する会計基準の適用指針」の適用による連結財務諸表に与え
る影響については，現時点で評価中です。


「法人税，住民税及び事業税等に関する会計基準」等
・「法人税，住民税及び事業税等に関する会計基準」（企業会計基準第27号
　　2022年10月28日）
・「包括利益の表示に関する会計基準」（企業会計基準第25号　2022年10月
　　28日）
・「税効果会計に係る会計基準の適用指針」（企業会計基準適用指針第28号
　　2022年10月28日）
（1）　概要
　その他の包括利益に対して課税される場合の法人税等の計上区分及びグループ
法人税制が適用される場合の子会社株式等の売却に係る税効果の取扱いを定める
ものです。
（2）　適用予定日
　2026年1月期の期首から適用予定です。
（3）　当該会計基準等の適用による影響
　「法人税，住民税及び事業税等に関する会計基準」等の適用による連結財務諸
表に与える影響額については，現時点で評価中です。

---

（表示方法の変更）

（連結キャッシュ・フロー計算書）

前連結会計年度において，「営業活動によるキャッシュ・フロー」の「その他」に含めていた「関係会社清算損益（△は益）」は，金額的重要性が増したため，当連結会計年度より区分掲記することとしました。この表示方法の変更を反映させるため，前連結会計年度の連結財務諸表の組替えを行っています。

この結果，前連結会計年度の連結キャッシュ・フロー計算書において，「営業活動によるキャッシュ・フロー」の「その他」に表示していた△19,089百万円は，「関係会社清算損益（△は益）」△3,088百万円，「その他」△16,001百万円として組み替えています。

（追加情報）

（会計上の見積りを行う上での新型コロナウイルス感染症の影響）

新型コロナウイルス感染症による影響の長期化は，当社グループの事業活動に一定の影響を及ぼしているものの，重要な影響は発生していません。繰延税金資産の回収可能性や減損損失の認識の判定等については，連結財務諸表作成時に入手可能な情報に基づき，翌連結会計年度においても一定の影響が継続するものの徐々に回復するものと仮定し見積りを行っています。

## 2 財務諸表等

## （1） 財務諸表 ‥‥‥‥‥‥‥‥‥‥‥‥‥‥‥‥‥‥‥‥‥‥‥‥

## ① 貸借対照表

(単位：百万円)

| | | 前事業年度<br>（2022年1月31日） | | 当事業年度<br>（2023年1月31日） |
|---|---|---:|---|---:|
| 資産の部 | | | | |
| 流動資産 | | | | |
| 現金預金 | | 183,896 | | 59,332 |
| 受取手形 | | 9 | | 21 |
| 完成工事未収入金 | | 29,006 | | 32,942 |
| 不動産事業未収入金 | | 3,179 | | 3,300 |
| 未成工事支出金 | | 2,457 | | 2,332 |
| 分譲建物 | ※2 | 68,102 | ※2 | 56,415 |
| 分譲土地 | ※2 | 213,481 | ※2 | 238,097 |
| 未成分譲土地 | | 37,731 | | 44,534 |
| 半製品 | | 3,876 | | 4,314 |
| 原材料 | | 2,607 | | 3,095 |
| 仕掛品 | | 871 | | 1,080 |
| 貯蔵品 | | 1,112 | | 961 |
| 前渡金 | | 891 | | 1,684 |
| 前払費用 | | 6,890 | | 7,039 |
| 未収入金 | | 24,199 | | 12,122 |
| その他 | | 6,347 | | 12,957 |
| 貸倒引当金 | | △798 | | △722 |
| 流動資産合計 | | 583,863 | | 479,511 |
| 固定資産 | | | | |
| 有形固定資産 | | | | |
| 建物 | ※2 | 204,162 | ※2 | 224,218 |
| 減価償却累計額 | | △109,664 | | △108,165 |
| 建物（純額） | | 94,498 | | 116,053 |
| 構築物 | ※2 | 13,679 | ※2 | 13,809 |
| 減価償却累計額 | | △10,575 | | △10,516 |
| 構築物（純額） | | 3,104 | | 3,293 |
| 機械及び装置 | ※2 | 58,109 | ※2 | 61,947 |
| 減価償却累計額 | | △51,868 | | △53,421 |
| 機械及び装置（純額） | | 6,241 | | 8,526 |
| 車両運搬具 | ※2 | 535 | | 556 |
| 減価償却累計額 | | △481 | | △488 |
| 車両運搬具（純額） | | 53 | | 67 |
| 工具、器具及び備品 | ※2 | 25,771 | ※2 | 28,532 |
| 減価償却累計額 | | △21,999 | | △22,842 |
| 工具、器具及び備品（純額） | | 3,772 | | 5,689 |
| 土地 | ※2,※4 | 231,030 | ※2,※4 | 213,399 |
| リース資産 | | 2,416 | | 2,548 |
| 減価償却累計額 | | △1,247 | | △1,640 |
| リース資産（純額） | | 1,169 | | 907 |
| 建設仮勘定 | ※2 | 47,777 | ※2 | 29,558 |
| 有形固定資産合計 | | 387,647 | | 377,496 |

| | 前事業年度<br>（2022年1月31日） | 当事業年度<br>（2023年1月31日） |
|---|---|---|
| 無形固定資産 | | |
| 工業所有権 | 15 | 21 |
| 借地権 | 1,608 | 1,608 |
| ソフトウェア | ※2 13,462 | 13,611 |
| リース資産 | 26 | 15 |
| 施設利用権 | 34 | 28 |
| 電話加入権 | 111 | 111 |
| 無形固定資産合計 | 15,259 | 15,396 |
| 投資その他の資産 | | |
| 投資有価証券 | ※4 95,770 | ※4 94,276 |
| 関係会社株式 | 464,185 | 466,207 |
| その他の関係会社有価証券 | 19,280 | 18,507 |
| 長期貸付金 | 1,200 | 1,055 |
| 従業員に対する長期貸付金 | 1,859 | 1,434 |
| 関係会社長期貸付金 | 38,693 | 8,398 |
| 敷金及び保証金 | 19,191 | 18,220 |
| 長期前払費用 | 858 | 1,602 |
| 繰延税金資産 | 5,695 | 7,538 |
| その他 | ※3 8,301 | ※3 8,308 |
| 貸倒引当金 | △7,740 | △1,114 |
| 投資その他の資産合計 | 647,296 | 624,434 |
| 固定資産合計 | 1,050,202 | 1,017,327 |
| 資産合計 | 1,634,066 | 1,496,839 |
| 負債の部 | | |
| 流動負債 | | |
| 支払手形 | 3,809 | 4,515 |
| 電子記録債務 | 62,942 | 61,800 |
| 買掛金 | 20,578 | 21,097 |
| 工事未払金 | 37,143 | 38,389 |
| 1年内償還予定の社債 | — | 30,000 |
| リース債務 | 404 | 393 |
| 未払金 | 3,145 | 2,236 |
| 未払費用 | 11,523 | 11,432 |
| 未払法人税等 | 15,689 | 13,926 |
| 未払消費税等 | 11,247 | 14,729 |
| 未成工事受入金 | 92,046 | 97,673 |
| 前受金 | 11,351 | 10,510 |
| 預り金 | ※1 225,647 | ※1 159,680 |
| 賞与引当金 | 19,463 | 22,584 |
| 役員賞与引当金 | 298 | 279 |
| 完成工事補償引当金 | 2,587 | 2,683 |
| 資産除去債務 | 691 | 655 |
| その他 | 454 | 129 |
| 流動負債合計 | 519,025 | 492,717 |

| | 前事業年度<br>（2022年1月31日） | 当事業年度<br>（2023年1月31日） |
|---|---|---|
| 固定負債 | | |
| 社債 | 170,000 | 20,000 |
| 長期借入金 | － | 25,000 |
| リース債務 | 914 | 630 |
| 長期預り敷金保証金 | ※4 12,819 | ※4 12,577 |
| 長期未払金 | 429 | 352 |
| 退職給付引当金 | 23,108 | 23,395 |
| 資産除去債務 | 871 | 891 |
| その他 | 3,667 | 763 |
| 固定負債合計 | 211,810 | 83,610 |
| 負債合計 | 730,836 | 576,328 |
| 純資産の部 | | |
| 株主資本 | | |
| 資本金 | 202,591 | 202,591 |
| 資本剰余金 | | |
| 資本準備金 | 258,344 | 258,344 |
| 資本剰余金合計 | 258,344 | 258,344 |
| 利益剰余金 | | |
| 利益準備金 | 23,128 | 23,128 |
| その他利益剰余金 | | |
| 配当準備積立金 | 18,000 | 18,000 |
| 別途積立金 | 275,800 | 310,800 |
| 繰越利益剰余金 | 103,131 | 116,657 |
| 利益剰余金合計 | 420,059 | 468,586 |
| 自己株式 | △20,805 | △50,485 |
| 株主資本合計 | 860,190 | 879,036 |
| 評価・換算差額等 | | |
| その他有価証券評価差額金 | 42,853 | 41,340 |
| 評価・換算差額等合計 | 42,853 | 41,340 |
| 新株予約権 | 186 | 134 |
| 純資産合計 | 903,230 | 920,510 |
| 負債純資産合計 | 1,634,066 | 1,496,839 |

## ② 損益計算書

| | 前事業年度<br>（自　2021年2月1日<br>　至　2022年1月31日） | 当事業年度<br>（自　2022年2月1日<br>　至　2023年1月31日） |
|---|---|---|
| 完成工事高 | 936,384 | 968,642 |
| 完成工事原価 | ※2　725,504 | ※2　760,676 |
| 完成工事総利益 | 210,879 | 207,965 |
| 不動産事業売上高 | 213,980 | 235,162 |
| 不動産事業売上原価 | ※2　180,646 | ※2　197,827 |
| 不動産事業総利益 | 33,334 | 37,334 |
| 売上高合計 | 1,150,364 | 1,203,804 |
| 売上原価合計 | 906,150 | 958,504 |
| 売上総利益 | 244,213 | 245,300 |
| 販売費及び一般管理費 | | |
| 　　広告宣伝費 | 15,204 | 14,694 |
| 　　販売促進費 | 10,920 | 10,418 |
| 　　取扱手数料 | 14,832 | 16,075 |
| 　　貸倒引当金繰入額 | 28 | 0 |
| 　　役員報酬 | 954 | 811 |
| 　　従業員給料手当 | 46,000 | 46,012 |
| 　　従業員賞与 | 9,467 | 9,687 |
| 　　賞与引当金繰入額 | 10,208 | 11,745 |
| 　　役員賞与引当金繰入額 | 302 | 282 |
| 　　退職給付費用 | 6,352 | 5,244 |
| 　　法定福利費 | 9,641 | 10,023 |
| 　　福利厚生費 | 3,492 | 3,882 |
| 　　旅費及び交通費 | 4,034 | 4,489 |
| 　　賃借料 | 3,208 | 3,116 |
| 　　光熱費 | 788 | 888 |
| 　　減価償却費 | 7,075 | 7,722 |
| 　　消耗品費 | 1,717 | 1,314 |
| 　　試験研究費 | 944 | 971 |
| 　　調査費 | 432 | 494 |
| 　　保険料 | 194 | 226 |
| 　　租税公課 | 7,887 | 8,157 |
| 　　通信費 | 1,057 | 1,021 |
| 　　交際費 | 529 | 1,060 |
| 　　商標使用料 | ※1　180 | ※1　180 |
| 　　雑費 | 13,377 | 13,736 |
| 　　販売費及び一般管理費合計 | ※2　168,834 | ※2　172,261 |
| 営業利益 | 75,379 | 73,038 |

（単位：百万円）

| | 前事業年度<br>（自　2021年2月1日<br>至　2022年1月31日） | 当事業年度<br>（自　2022年2月1日<br>至　2023年1月31日） |
|---|---:|---:|
| 営業外収益 | | |
| 　受取利息 | 1,790 | 1,902 |
| 　受取配当金 | ※3　47,673 | ※3　59,255 |
| 　為替差益 | 740 | － |
| 　その他 | 2,921 | 3,309 |
| 　営業外収益合計 | 53,125 | 64,467 |
| 営業外費用 | | |
| 　支払利息 | 56 | 54 |
| 　社債利息 | 1,053 | 609 |
| 　関係会社事業損失 | 1,544 | 221 |
| 　為替差損 | － | 1,243 |
| 　その他 | 2,654 | 2,570 |
| 　営業外費用合計 | 5,308 | 4,699 |
| 経常利益 | 123,196 | 132,806 |
| 特別利益 | | |
| 　関係会社清算益 | 2,842 | 7,869 |
| 　投資有価証券売却益 | 409 | 397 |
| 　関係会社事業損失引当金戻入額 | － | 9,795 |
| 　特別利益合計 | 3,252 | 18,062 |
| 特別損失 | | |
| 　関係会社株式評価損 | 1,924 | 8,937 |
| 　関係会社株式売却損 | 1,176 | － |
| 　固定資産除売却損 | ※4　970 | ※4　1,092 |
| 　減損損失 | 466 | 233 |
| 　投資有価証券売却損 | 51 | 117 |
| 　新型コロナウイルス感染症による損失 | ※5　18 | － |
| 　特別損失合計 | 4,608 | 10,381 |
| 税引前当期純利益 | 121,840 | 140,487 |
| 法人税、住民税及び事業税 | 24,691 | 26,189 |
| 法人税等調整額 | 870 | △924 |
| 法人税等合計 | 25,561 | 25,265 |
| 当期純利益 | 96,279 | 115,222 |

## （イ）　完成工事原価報告書

| 区分 | 注記番号 | 前事業年度 (自 2021年2月1日 至 2022年1月31日) 金額(百万円) | 構成比(%) | 当事業年度 (自 2022年2月1日 至 2023年1月31日) 金額(百万円) | 構成比(%) | 増減(百万円) |
|---|---|---|---|---|---|---|
| Ⅰ　材料費 | | 173,604 | 23.9 | 193,340 | 25.4 | 19,736 |
| Ⅱ　外注費 | | 445,638 | 61.4 | 458,407 | 60.3 | 12,769 |
| Ⅲ　経費 | | 106,261 | 14.7 | 108,928 | 14.3 | 2,666 |
| 　運搬費 | | 22,464 | | 22,819 | | 355 |
| 　人件費 | | 60,092 | | 61,805 | | 1,712 |
| 　諸口 | | 23,705 | | 24,303 | | 598 |
| 合計 | | 725,504 | 100.0 | 760,676 | 100.0 | 35,171 |

## （ロ）　不動産事業売上原価明細書

| 区分 | 注記番号 | 前事業年度 (自 2021年2月1日 至 2022年1月31日) 金額(百万円) | 構成比(%) | 当事業年度 (自 2022年2月1日 至 2023年1月31日) 金額(百万円) | 構成比(%) | 増減(百万円) |
|---|---|---|---|---|---|---|
| Ⅰ　土地購入費 | | 119,590 | 58.9 | 77,909 | 49.6 | △41,680 |
| Ⅱ　土地造成工事費 | | 4,878 | 2.4 | 5,378 | 3.4 | 499 |
| Ⅲ　建築材料費 | | 2,715 | 1.3 | 2,829 | 1.8 | 114 |
| Ⅳ　建築工事外注費 | | 49,900 | 24.6 | 46,887 | 29.9 | △3,012 |
| Ⅴ　経費 | | 25,978 | 12.8 | 23,923 | 15.3 | △2,055 |
| 受入高合計 | | 203,063 | 100.0 | 156,928 | 100.0 | △46,134 |
| 他勘定振替高 | ※1 | 50,031 | | 60,631 | | 10,599 |
| 期首分譲建物棚卸高 | | 53,333 | | 68,102 | | |
| 期首分譲土地棚卸高 | | 163,149 | | 213,481 | | |
| 期首未成分譲土地棚卸高 | | 30,384 | | 37,731 | | |
| 期末分譲建物棚卸高 | | 68,102 | | 56,415 | | |
| 期末分譲土地棚卸高 | | 213,481 | | 238,097 | | |
| 期末未成分譲土地棚卸高 | | 37,731 | | 44,534 | | |
| 差引不動産事業売上原価 | | 180,646 | | 197,827 | | 17,181 |

（注）※1　前事業年度の他勘定振替高は，固定資産からの振替50,031百万円です。当事業年度の他勘定振替高は，固定資産からの振替60,631百万円です。

原価計算の方法
　（1）完成工事原価
　　　　工事指図書別の個別原価法により計算しています。
　（2）不動産事業売上原価
　　　　土地については購入団地別の個別原価法により計算しており、建物に
　　　ついては工事指図書別の個別原価法により計算しています。
原価差額の調整
　　　各現場における材料費の価額は、予定価額によっているため実際額との
　　差額は原価差額として集計し、期末において完成工事原価・不動産事業
　　売上原価及び未成工事支出金・分譲建物に配賦しています。

### ③ 株主資本等変動計算書

前事業年度（自 2021年2月1日 至 2022年1月31日）

（単位：百万円）

| | 株主資本 | | | | | | | | |
| --- | --- | --- | --- | --- | --- | --- | --- | --- | --- |
| | 資本金 | 資本剰余金 | | 利益剰余金 | | | | | |
| | | 資本準備金 | 資本剰余金合計 | 利益準備金 | その他利益剰余金 | | | | 利益剰余金合計 |
| | | | | | 配当準備積立金 | 特別償却準備金 | 別途積立金 | 繰越利益剰余金 | |
| 当期首残高 | 202,591 | 258,344 | 258,344 | 23,128 | 18,000 | – | 260,800 | 77,821 | 379,750 |
| 会計方針の変更による累積的影響額 | – | – | – | – | – | – | – | – | – |
| 会計方針の変更を反映した当期首残高 | 202,591 | 258,344 | 258,344 | 23,128 | 18,000 | – | 260,800 | 77,821 | 379,750 |
| 当期変動額 | | | | | | | | | |
| 剰余金の配当 | – | – | – | – | – | – | – | △55,608 | △55,608 |
| 別途積立金の積立 | – | – | – | – | – | – | 15,000 | △15,000 | – |
| 当期純利益 | – | – | – | – | – | – | – | 96,279 | 96,279 |
| 自己株式の取得 | – | – | – | – | – | – | – | – | – |
| 自己株式の処分 | – | – | – | – | – | – | – | △361 | △361 |
| 株主資本以外の項目の当期変動額（純額） | – | – | – | – | – | – | – | – | – |
| 当期変動額合計 | – | – | – | – | – | – | 15,000 | 25,309 | 40,309 |
| 当期末残高 | 202,591 | 258,344 | 258,344 | 23,128 | 18,000 | – | 275,800 | 103,131 | 420,059 |

| | 株主資本 | | 評価・換算差額等 | | 新株予約権 | 純資産合計 |
| --- | --- | --- | --- | --- | --- | --- |
| | 自己株式 | 株主資本合計 | その他有価証券評価差額金 | 評価・換算差額等合計 | | |
| 当期首残高 | △6,713 | 833,972 | 40,626 | 40,626 | 508 | 875,107 |
| 会計方針の変更による累積的影響額 | – | – | – | – | – | – |
| 会計方針の変更を反映した当期首残高 | △6,713 | 833,972 | 40,626 | 40,626 | 508 | 875,107 |
| 当期変動額 | | | | | | |
| 剰余金の配当 | – | △55,608 | – | – | – | △55,608 |
| 別途積立金の積立 | – | – | – | – | – | – |
| 当期純利益 | – | 96,279 | – | – | – | 96,279 |
| 自己株式の取得 | △15,015 | △15,015 | – | – | – | △15,015 |
| 自己株式の処分 | 923 | 562 | – | – | – | 562 |
| 株主資本以外の項目の当期変動額（純額） | – | – | 2,227 | 2,227 | △322 | 1,905 |
| 当期変動額合計 | △14,091 | 26,217 | 2,227 | 2,227 | △322 | 28,122 |
| 当期末残高 | △20,805 | 860,190 | 42,853 | 42,853 | 186 | 903,230 |

当事業年度（自　2022年2月1日　至　2023年1月31日）

（単位：百万円）

| | 株主資本 | | | | | | | | |
| --- | --- | --- | --- | --- | --- | --- | --- | --- | --- |
| | 資本金 | 資本剰余金 | | 利益剰余金 | | | | | |
| | | 資本準備金 | 資本剰余金合計 | 利益準備金 | その他利益剰余金 | | | | 利益剰余金合計 |
| | | | | | 配当準備積立金 | 特別償却準備金 | 別途積立金 | 繰越利益剰余金 | |
| 当期首残高 | 202,591 | 258,344 | 258,344 | 23,128 | 18,000 | — | 275,800 | 103,131 | 420,059 |
| 会計方針の変更による累積的影響額 | — | — | — | — | — | — | — | △230 | △230 |
| 会計方針の変更を反映した当期首残高 | 202,591 | 258,344 | 258,344 | 23,128 | 18,000 | — | 275,800 | 102,900 | 419,828 |
| 当期変動額 | | | | | | | | | |
| 剰余金の配当 | — | — | — | — | — | — | — | △66,400 | △66,400 |
| 別途積立金の積立 | — | — | — | — | — | — | 35,000 | △35,000 | — |
| 当期純利益 | — | — | — | — | — | — | — | 115,222 | 115,222 |
| 自己株式の取得 | — | — | — | — | — | — | — | — | — |
| 自己株式の処分 | — | — | — | — | — | — | — | △64 | △64 |
| 株主資本以外の項目の当期変動額（純額） | — | — | — | — | — | — | — | — | — |
| 当期変動額合計 | — | — | — | — | — | — | 35,000 | 13,757 | 48,757 |
| 当期末残高 | 202,591 | 258,344 | 258,344 | 23,128 | 18,000 | — | 310,800 | 116,657 | 468,586 |

| | 株主資本 | | 評価・換算差額等 | | 新株予約権 | 純資産合計 |
| --- | --- | --- | --- | --- | --- | --- |
| | 自己株式 | 株主資本合計 | その他有価証券評価差額金 | 評価・換算差額等合計 | | |
| 当期首残高 | △20,805 | 860,190 | 42,853 | 42,853 | 186 | 903,230 |
| 会計方針の変更による累積的影響額 | — | △230 | — | — | — | △230 |
| 会計方針の変更を反映した当期首残高 | △20,805 | 859,959 | 42,853 | 42,853 | 186 | 902,999 |
| 当期変動額 | | | | | | |
| 剰余金の配当 | — | △66,400 | — | — | — | △66,400 |
| 別途積立金の積立 | — | — | — | — | — | — |
| 当期純利益 | — | 115,222 | — | — | — | 115,222 |
| 自己株式の取得 | △30,014 | △30,014 | — | — | — | △30,014 |
| 自己株式の処分 | 333 | 269 | — | — | — | 269 |
| 株主資本以外の項目の当期変動額（純額） | — | — | △1,512 | △1,512 | △52 | △1,565 |
| 当期変動額合計 | △29,680 | 19,076 | △1,512 | △1,512 | △52 | 17,511 |
| 当期末残高 | △50,485 | 879,036 | 41,340 | 41,340 | 134 | 920,510 |

【注記事項】

（重要な会計方針）

**1. 有価証券の評価基準及び評価方法** ·········································

（イ） 満期保有目的の債券

　　償却原価法（定額法）

（ロ） 子会社株式及び関連会社株式

　　移動平均法に基づく原価法

（ハ） その他有価証券

　　市場価格のない株式等以外のもの

　　　時価法

　　　（評価差額は全部純資産直入法により処理し，売却原価は移動平均法により

　　　算定）

　　市場価格のない株式等

　　　移動平均法に基づく原価法


**2. デリバティブの評価基準及び評価方法** ·································

　　時価法


**3. たな卸資産の評価基準及び評価方法** ··································

　　評価基準は原価法（貸借対照表価額については収益性の低下に基づく簿価切下
げの方法）によっています。

（イ） 未成工事支出金，分譲建物，分譲土地，未成分譲土地

　　個別法に基づく原価法

（ロ） 半製品，原材料，仕掛品，貯蔵品

　　移動平均法に基づく原価法


**4. 固定資産の減価償却の方法** ·············································

（イ） 有形固定資産（リース資産を除く）

　　建物（建物附属設備を除く）並びに2016年4月1日以降に取得した建物附

属設備及び構築物については定額法，その他の有形固定資産については定率法を採用しています。なお，耐用年数については法人税法に規定する方法と同一の基準によっています。

（ロ）　無形固定資産（リース資産を除く）

定額法を採用しています。なお，耐用年数については法人税法に規定する方法と同一の基準によっています。但し，自社利用のソフトウエアについては，社内における利用可能期間（5年）に基づく定額法を採用しています。

（ハ）　リース資産

所有権移転外ファイナンス・リース取引に係るリース資産については，リース期間を耐用年数とし，残存価額を零とする定額法を採用しています。

## 5. 外貨建の資産又は負債の本邦通貨への換算基準 ··································

外貨建金銭債権債務は，期末日の直物為替相場により円貨に換算し，換算差額は損益として処理しています。

## 6. 引当金の計上基準 ················································································

（イ）　貸倒引当金

債権の貸倒れによる損失に備えるため，一般債権については貸倒実績率により，貸倒懸念債権等特定の債権については個別に回収可能性を検討し，回収不能見込額を計上しています。

（ロ）　賞与引当金

従業員に対し支給する賞与に充てるため，支給見込額のうち，当事業年度に負担すべき額を計上しています。

（ハ）　役員賞与引当金

役員に対し支給する賞与に充てるため，支給見込額に基づき計上しています。

（ニ）　完成工事補償引当金

建築物の引渡後の瑕疵による損失及び補償サービス費用を補填するため，過去の完成工事及び分譲建物に係る補修費等の実績を基準として計上しています。

（ホ）　退職給付引当金

　　従業員の退職給付に備えるため，当事業年度末における退職給付債務及び年金資産の見込額に基づき計上しています。

①　退職給付見込額の期間帰属方法

　　退職給付債務の算定にあたり，退職給付見込額を当事業年度末までの期間に帰属させる方法については，給付算定式基準によっています。

②　数理計算上の差異及び過去勤務費用の費用処理方法

　　数理計算上の差異は，5年による定額法により按分した額を発生の翌事業年度から費用処理することとしています。また，過去勤務費用については，5年による定額法により按分した額を発生した事業年度より費用処理することとしています。

## 7．重要な収益及び費用の計上基準 ·················································

（イ）　顧客との契約から生じる収益

　　当社の顧客との契約から生じる収益に関する主要な事業における主な履行義務の内容及び当該履行義務を充足する通常の時点（収益を認識する通常の時点）は以下の通りです。

①　注文請負取引

　　注文請負取引については，顧客と工事請負契約を締結し当該契約に基づき，建築工事を行い完成した建設物等を顧客に引き渡す履行義務を負っています。当該契約については，一定の期間にわたり履行義務が充足されるものであると判断し，履行義務の充足に係る進捗度に基づき収益を認識しています。進捗度の見積りの方法は，工事原価総額に対する発生原価の割合（インプット法）で算出しています。なお，工期のごく短い工事契約等については，完全に履行義務を充足した時点で収益を認識する代替的な取扱いを適用しています。

②　不動産分譲取引

　　不動産分譲取引については，顧客との不動産売買契約に基づき，物件を顧客に引き渡す履行義務を負っています。当該契約については，物件が引き渡

される一時点で履行義務が充足されるものであると判断し，顧客へ物件を引き渡した時点で収益を認識しています。

（ロ）　その他の収益

不動産賃貸取引については，「リース取引に関する会計基準」（企業会計基準第13号）に基づき，賃貸借期間にわたり収益を認識しています。

## 8. ヘッジ会計の方法

（イ）　ヘッジ会計の方法

繰延ヘッジ処理を採用しています。なお，為替予約取引及び通貨スワップ取引については，振当処理の要件を満たしている場合には，振当処理を採用しています。

（ロ）　ヘッジ手段とヘッジ対象

外貨建金銭債権債務及び予定取引をヘッジ対象として，為替予約取引及び通貨スワップ取引をヘッジ手段としています。

（ハ）　ヘッジ方針

為替の変動による損失を回避する目的でデリバティブ取引を行っています。なお，為替予約取引は外貨建取引高の範囲内に限定しています。

（ニ）　ヘッジ有効性評価の方法

ヘッジ手段とヘッジ対象に関する重要な条件等が一致しており，かつキャッシュ・フローが固定されているため，ヘッジの有効性評価を省略しています。

## 9. その他財務諸表作成のための基本となる重要な事項

（イ）　退職給付に係る会計処理

退職給付に係る未認識数理計算上の差異及び未認識過去勤務費用の会計処理方法は，連結財務諸表におけるこれらの会計処理と異なっています。

（ロ）　消費税等の会計処理

控除対象外消費税等は，発生事業年度の期間費用としています。

（重要な会計上の見積り）

**（1） 販売用不動産の評価** ・・・・・・・・・・・・・・・・・・・・・・・・・・・・・・・・・・・・・・・・・・・・・・・・

　　① 　当事業年度の財務諸表に計上した金額

（単位：百万円）

|  | 前事業年度 | 当事業年度 |
|---|---|---|
| 分譲建物 | 68,102 | 56,415 |
| 分譲土地 | 213,481 | 238,097 |
| 未成分譲土地 | 37,731 | 44,534 |
| 評価損計上額（売上原価） | 2,656 | 525 |

　　② 　識別した項目に係る重要な会計上の見積りの内容に関する情報

　　　イ 　当事業年度の財務諸表に計上した金額の算出方法

　　　　　販売用不動産について，期末における正味売却価額が帳簿価額を下回る場合には，帳簿価額を正味売却価額まで減額し，当該減少額を評価損として計上しています。正味売却価額の算定に際しては，個別物件ごとの販売価格や将来の事業計画等に基づき，見積りを行っています。

　　　ロ 　主要な仮定

　　　　　正味売却価額の算出に用いた主要な仮定は将来獲得収益及び工事原価であり，物件の立地，規模，商品性，類似不動産の取引事例，不動産市況等を踏まえ事業計画の見積りを行っています。

　　　ハ 　翌事業年度の財務諸表に与える影響翌

　　　　　事業年度において，経済情勢や市況の悪化等により，主要な仮定に変化があった場合は，追加で評価損の計上が必要となる可能性があります。


**（2） 固定資産の評価** ・・・・・・・・・・・・・・・・・・・・・・・・・・・・・・・・・・・・・・・・・・・・・・・・・・・・・

　　① 　当事業年度の財務諸表に計上した金額

（単位：百万円）

|  | 前事業年度 | 当事業年度 |
|---|---|---|
| 有形固定資産合計 | 387,647 | 377,496 |
| 無形固定資産合計 | 15,259 | 15,396 |
| 減損損失 | 466 | 233 |

② 識別した項目に係る重要な会計上の見積りの内容に関する情報

イ 当事業年度の財務諸表に計上した金額の算出方法

投資不動産については物件ごとに資産のグルーピングを行い，それ以外の資産については損益管理を合理的に行い得る事業単位で資産のグルーピングを行い，その結果，営業損益又はキャッシュ・フローの継続的なマイナス，市場価格の著しい下落，用途変更等によって減損の兆候のある資産又は資産グループについて減損の判定を行っています。減損損失を認識すべきと判定した場合は，帳簿価額を回収可能価額まで減額し，当該減少額を減損損失として計上しています。なお，回収可能価額は正味売却価額と使用価値のいずれか高い価額とし，正味売却価額は主要な投資不動産については不動産鑑定士から鑑定評価額を入手し，それ以外の資産については不動産鑑定評価基準に準ずる方法等により算定した評価額より，処分費用見込額を差し引いて算定しています。また，使用価値は将来キャッシュ・フロー見積額を，現在価値に割り引いて算定しています。

ロ 主要な仮定

将来キャッシュ・フローの見積りや回収可能価額の算定における主要な仮定は，賃料・ADR（客室平均単価）・空室率・稼働率・割引率及びキャップレートです。賃料・ADR（客室平均単価）・空室率・稼働率については，市場の動向，類似不動産の取引事例，過去の実績等を総合的に勘案し，決定しています。割引率については，類似の取引事例や金利推移等を踏まえ決定しています。また，主要な投資不動産のキャップレートについては，不動産鑑定士より入手し利用しています。なお，新型コロナウイルス感染症の広がりによる影響は，翌事業年度においても一定の影響が継続するものの徐々に回復するものと仮定し見積りを行っています。

ハ 翌事業年度の財務諸表に与える影響

翌事業年度において，経済情勢や市況の悪化等により，主要な仮定に変化があった場合は，追加で減損損失の計上が必要となる可能性があります。

（会計方針の変更）

　（「収益認識に関する会計基準」等の適用）

　「収益認識に関する会計基準」（企業会計基準第29号　2020年3月31日。以下「収益認識会計基準」という。）等を当事業年度の期首から適用し，約束した財又はサービスの支配が顧客に移転した時点で，当該財又はサービスと交換に受け取ると見込まれる金額で収益を認識することとしています。収益認識会計基準等の適用については，収益認識会計基準第84項ただし書きに定める経過的な取扱いに従っており，当事業年度の期首より前に新たな会計方針を遡及適用した場合の累積的影響額を，当事業年度の期首の繰越利益剰余金に加減し，当該期首残高から新たな会計方針を適用しています。ただし，収益認識会計基準第86項に定める方法を適用し，当事業年度の期首より前までに従前の取扱いに従ってほとんどすべての収益の額を認識した契約に，新たな会計方針を遡及適用していません。また，収益認識会計基準第86項また書き（1）に定める方法を適用し，当事業年度の期首より前までに行われた契約変更について，すべての契約変更を反映した後の契約条件に基づき，会計処理を行い，その累積的影響額を当事業年度の期首の繰越利益剰余金に加減しています。

　なお，当事業年度において，財務諸表に与える影響は軽微です。

　さらに，収益認識会計基準第89-3項に定める経過的な取扱いに従って，前事業年度に係る「収益認識関係」注記については記載していません。

（「時価の算定に関する会計基準」等の適用）

　「時価の算定に関する会計基準」（企業会計基準第30号　2019年7月4日。以下「時価算定会計基準」という。）等を当事業年度の期首から適用し，時価算定会計基準第19項及び「金融商品に関する会計基準」（企業会計基準第10号　2019年7月4日）第44-2項に定める経過的な取扱いに従って，時価算定会計基準等が定める新たな会計方針を，将来にわたって適用することとしています。これによる，財務諸表に与える影響はありません。

（追加情報）
　（会計上の見積りを行う上での新型コロナウイルス感染症の影響）
　新型コロナウイルス感染症による影響の長期化は，当社の事業活動に一定の影響を及ぼしているものの，重要な影響は発生していません。繰延税金資産の回収可能性や減損損失の認識の判定等については，財務諸表作成時に入手可能な情報に基づき，翌事業年度においても一定の影響が継続するものの徐々に回復するものと仮定し見積りを行っています。

# 第2章

## 建設・不動産業界の "今" を知ろう

企業の募集情報は手に入れた。しかし，それだけでは
まだ不十分。企業単位ではなく，業界全体を俯瞰する
視点は，面接などでもよく問われる重要ポイントだ。
この章では直近1年間の建設・不動産業界を象徴する
重大ニュースをまとめるとともに，今後の展望につい
て言及している。また，章末には建設・不動産業界に
おける有名企業（一部抜粋）のリストも記載してあるの
で，今後の就職活動の参考にしてほしい。

## ▶▶夢のあるまちづくり・住まいづくり

# 建設・不動産 業界の動向

建設・不動産は「建物」に関する業界で,「建設」「戸建て」「マンション」「住宅設備・機器」「建材」「リフォーム」「不動産」「不動産管理」などに大別される。

## ❖ 建設業界の動向

ゼネコン（総合建設会社）が請け負う工事は,道路や橋,ダムなどインフラにかかわる「土木」と,ビルや住宅を造る「建築」に分類される。大林組・鹿島・清水建設・大成建設・竹中工務店の大手五社は,単体での売上げが1兆円を超える規模から「スーパーゼネコン」と呼ばれる。

災害復興や東京五輪,大型再開発が追い風となり,近年の建設業界は好調が続いていた。東京五輪や都市部の再開発,リニア新幹線,大阪万博と大規模需要が見込まれていたが,コロナ禍によりこうした好調の動きは終わりを迎えた。

コロナ禍がひと段落し,首都圏の再開発案件や物流施設の新設など,建設需要自体は高まっているが,受注競争が熾烈になり,加えて資材高も業界を圧迫。担い手不足や高齢化も業界全体が抱える課題となっている。

### ●働き方改革と生産性の向上が課題に

建設業界にとって,大きな課題は職人の高齢化および人手不足である。2022年度,建設現場で働く技能労働者は約305万人（日本建設業連合会調べ）で,近い将来には300万人を割り込む可能性が指摘されている。過酷な労働イメージから若者離れが進んだことが原因である。そこで日建連は,2025年までに新規入職者90万人の確保と,技術革新による35万人分の省人化を目標として掲げている。現場の働き方改革も必須で,業界では,社会保障を含む待遇の改善,就業時間短縮,週休2日制の定着といった動きが広がり始めた。

それと同時に，ロボットや人工知能（AI），情報通信技術（ICT）を活用した重機の導入，工事工程の効率化など，質的改善を含めた生産性向上への取り組みにも，業界をあげて力を注いでいる。2016年4月，国土交通省は土木工事にICT（情報通信技術）を活用する基準「アイ・コンストラクション（建設生産性革命）」の導入を表明し，重機メーカーもICT対応製品・サービスの開発を進めたため，環境も整備されてきている。たとえば，コマツは，掘削から整地までのブレード操作を自動化したブルドーザや掘削時に設定された設計面に達すると自動停止するショベルなどを商品化している。また，DOXEL社からは，ドローン，3Dレーザースキャナを搭載したロボットにより自動で工事現場の点群データを集積・解析。その結果をBIMデータと照らし合わせることで，現場の進捗状況を報告してくれる商品が出ている。

## ❖ 不動産業界の動向

ビル賃貸やマンション分譲，商業施設の開発・運営などを幅広く手掛けるディベロッパーには，三井不動産，三菱地所，住友不動産，東急不動産ホールディングスの大手4社，森ビル，野村不動産ホールディングス，東京建物などが名を連ねる。これらのディベロッパーは，超低金利を背景とした融資環境の後押しもあり，近年は旺盛な投資意欲を見せている。

国が容積率などを緩和する国家戦略特区（都市再生特別地区）を都心の主要な地域に指定しているため，指定地区では大規模なオフィスビル・複合ビルの建設が相次いでいる。2017年4月，三菱地所は総額1兆円を投じて，東京駅の北側で大規模開発をスタートさせた。この事業の中心は，高さ日本一となる超高層ビルで，2027年度の完成を目指している。また，同駅の八重洲地区では，三井不動産と東京建物が，それぞれ再開発を進めており，渋谷駅では東急不動産が参画した「渋谷ストリーム」が開業。2019年11月には渋谷エリアでは最も高い地上47階建ての「渋谷スクランブルスクエア」が開業した。森ビルは2014年に開業した「虎ノ門ヒルズ」の隣接地区に，3つの高層ビルを中心とした大規模プロジェクトを計画中で，これには地下鉄日比谷線の新駅も含まれる。

不動産業界において，新型コロナウイルスの影響は軽微だったと見られている。テレワークの普及によりオフィスの解約や縮小の動きが進んだ一方

で，不動産大手が持つ都心の大型ビルの需要は底堅かった。また，不動産の売買も活発であり，海外投資家を中心に物流施設や賃貸住宅が積極的に取得された。

●新しい働き方にどのように対応していくか

　ビル賃貸事業は，新型コロナウイルスの影響により好調な状況にストップがかかった。オフィスビル空室率は，5％を下回ると賃料に上昇傾向が見られるが，東京都心5区（千代田，中央，港，新宿，渋谷）の空室率は，2023年6月で6.48％となっている。空室率のピークは一時期に比べて緩やかになってきており，一時はテレワーク中心の体制にしたものの、オフィスが足りなくなり再び契約するという動きもある。

　変化の著しいオフィス需要だが，長期的にみれば，少子化による労働人口の減少も想定されるため，多くのディベロッパーは新しい事業にも着手している。eコマース（電子商取引）や省人化投資に伴って需要が高まった大型／大型マルチテナント型物流施設には，三菱地所，三井不動産，野村不動産などの大手や大和ハウスなどハウスメーカー系も積極的に参入している。また，海外展開も盛んで，三井不動産は2021年に，商業施設「ららぽーと」を上海に開業。次いで2022年にマレーシアと台湾でも開業した。台湾では2026年をめどに3施設目も開業予定だ。すでにマレーシアで開業しているアウトレットパークのインドネシア，フィリピン，タイへの展開も検討している。また，ニューヨークで開発中だったオフィスビルが完成。同地区のもう1棟を合わせた投資額は5500億円となっている。ニューヨークでは，東急不動産も複合ビルの再開発事業に参画。三菱地所はバブル期に買収した米ロックフェラーグループを通じて既存の大型オフィスビルを大規模改修し，賃料アップを狙っている。

---

## ❖ 戸建て業界の動向

　戸建て住宅には，客の注文に応じて建てる注文住宅や設計・施工後に販売する分譲住宅がある。大手10社でもシェアは3割程度と，地域密着の工務店もがんばっている。

　2022年度の新設住宅着工戸数は前年比0.6％減の86万828戸，そのうち戸建て数は7.5％減の39万7556戸であった。注文住宅は木材や鋼材などの

価格高騰により建築コストが上昇した影響を受けた形となる。テレワークの普及により，広さを求めて賃貸マンションから戸建て住宅に移る動きもひと段落し，オフィス回帰の動きが進んだことも一因と考えられる。

●ゼネコンとの連携，異業種からの参入も始まる

ゼネコンの受注許容量が逼迫していることを受け，これまでゼネコンが手掛けていた案件を住宅メーカーが請けるチャンスも増えている。こういった流れのなか，ゼネコンとの資本提携やゼネコンを買収するメーカーも出ている。大和ハウスは準大手ゼネコンのフジタを100％子会社にし，マンションのコスモスイニシアへの出資も行っている。積水ハウスは，鴻池組の親会社鳳ホールディングスへ，旭化成ホームズは森組にそれぞれ出資している。住友林業と熊谷組は相互に出資を実施するなど，相互の関係を深めつつ，ゼネコンの守備範囲に食い込んでいる。

また，近年は業界内の再編も進んでいる。トヨタホームは約110億円を投じて，ミサワホームを子会社化した。2017年10月には，パナソニックがパナホームを完全子会社化し，家電から住宅部材まで手がける幅広い商品力で，他社との差別化を図る。2018年には，ヤマダ電機がヤマダ・エスバイエルホームを完全子会社化するなど，住宅業界以外企業による買収も行われている。


## ❖ マンション業界の動向

不動産経済研究所によれば，2022年における全国の新築マンション発売戸数は，前年比5.9％減の7万2967戸と前年を下回った。平均価格は5121万円で，こちらは6年連続で最高値を更新した。これは，地価と建築費の高騰が要因となっている。首都圏の平均価格は7700万円を突破。価格高騰にもかかわらず堅調な販売を見せている。都内では大型の再開発が進み，マンション用地の確保に高い費用がかかことから価格下落に転じる気配は薄いと見られる。また，工事現場の職人も不足しており，建設コストの上昇がそのまま値段に転嫁，反映される状況が続いている。そのため，購入希望者の一部は戸建て物件や中古物件に流れており，新築マンションの売れ行きが悪化している。そこで，マンション業界各社は，仲介事業や中古物件の販売など，ストックビジネスに力を注ぐ方針を示している。また，新

型コロナウイルスの影響により，リモートワークの普及に伴う住宅ニーズの変化も起きてきている。今後のトレンドの変化にいかに上手く迎合していくかが課題となっている。

## ●タワーマンションの増加で，インフラ整備に課題も

　近年は，共働きや高齢者の世帯が増え，住宅購入に際して，立地条件の利便性がとくに重視されるようになった。そのため，駅直結や徒歩5分以内で低層階に商業施設の入った，一体開発型のマンションは増加傾向にある。都内の有明や豊洲といった湾岸地区や千葉県の津田沼，相互乗り入れで多くの路線が使えるようになった武蔵小杉で，新たなタワーマンションの建設が進んでいる。

　しかし，高層階ほど安全性や耐久性に疑問が残ること，修繕費の高さと戸数の多さなどから大規模修繕が難しいことなど，課題も残っている。また，急速な人口の流入で，小学校が不足したり，通勤通学時に駅のホームが大混雑するなど，地域のインフラ整備の課題も浮き彫りになってきている。現に2019年10月に上陸した台風19号により，武蔵小杉のタワーマンションは大きな被害を受け，その模様は全国的なニュースとして報道された。

# 建設・不動産業界

### 直近の業界各社の関連ニュースを
### ななめ読みしておこう。

---

## 万博の建設費、大阪府・市の負担は最大780億円に

2025年国際博覧会（大阪・関西万博）の会場建設費が従来計画から最大500億円上振れることになった。増額は20年以来2度目で、大阪府と大阪市の負担額は約780億円と当初計画から360億円ほど膨らむ見通し。追加の公費負担にはより丁寧な説明責任が求められる。

会場建設費は運営主体・日本国際博覧会協会（万博協会）が発注するメイン会場や大催事場などの整備に充てられる。資材高や人件費の高騰を背景に各工事の契約金額が当初予定を上回る事例が相次ぎ、全体の建設費は最大2350億円と500億円上振れることになった。

建設費は政府と大阪府・市、経済界が3分の1ずつ負担する仕組みで、この原則通りならば3者の負担は最大で167億円ずつ増える。協会は来週中にも政府や府・市、経済界に追加負担を要請するとみられる。

政府は月内に決める23年度補正予算案に万博関連経費を計上する方針。府・市や経済界も受け入れる場合は追加の財源確保が今後の課題となる。

会場建設費は誘致時点で1250億円だったが、会場デザインの変更などで20年に1850億円に増額した経緯がある。大阪府議会や大阪市議会はその後、さらなる増額が発生した場合、国が対応するよう求める意見書を可決した。

今年9月にも地域政党・大阪維新の会の府議団が吉村洋文知事に対し、増額分を国に負担してもらうよう要望しており、予算措置にはまず議会側の同意が壁となる。公費負担が膨らむため住民からの反発も予想されるが、大阪市幹部は「3分の1ずつの負担割合は守らないといけない」と強調する。

経済界は企業からの寄付で建設費を賄っており、今回の増額により追加の寄付が発生する可能性がある。だが建設費とは別に、在阪企業には万博の前売り入場券の購入も求められており、ある経済界関係者は「これ以上の負担にはつい

ていけない」とこぼす。

関西の経済界では、1970年大阪万博の収益金を基につくられた基金の一部を取り崩し、増額分に充てる案も浮上しているが、内部に反対論もあり実現するかは見通せない。

大阪・関西万博を巡っては、海外パビリオンの建設遅れも課題となっている。自前で施設を用意する「タイプA」から万博協会が用意する建物に複数の国が入る「タイプC」に移行する出展国が計2カ国となったことも判明した。これまで欧州のスロベニアが移行することが明らかになっていた。

協会はタイプAの出展国に対し、日本側がゼネコンとの交渉や発注を担う「タイプX」を提案し、9カ国が関心を寄せているという。海外パビリオンは「万博の華」ともいわれ、協会は引き続き参加国に準備の加速を求める。

（2023年10月7日　日本経済新聞）

---

# 建設業の賃金、低すぎなら行政指導　24年問題で国交省

国土交通省は建設業の賃金のもとになる労務費の目安を設ける。とび職や鉄筋工などを念頭に職種ごとに標準的な水準を示す。ゼネコンなどが下請け企業に著しく低い単価を設定している場合に国が勧告など行政指導する仕組みも検討する。

建設業の賃上げを促し、人手不足の解消につなげる。建設業界では時間外労働に上限規制を適用する「2024年問題」への対応も課題となっている。

今秋にも国交省の中央建設業審議会で対策の方向性をまとめる。24年の通常国会での建設業法の改正をめざす。審議会のもとに作業部会を立ち上げ、基準の詳細をつめる。

建築現場で働く技能者の業務の種類ごとに「標準労務費」を提示する。現在、国や地方自治体が発注する公共工事は労働市場の実勢価格などを反映した労務単価を職種別、都道府県別に公表している。毎年実施する全国調査に基づいて水準を決める。

こうした仕組みを念頭に、工事の受注業者と下請け業者間など民間の受発注の基準についても定める方向だ。

基準を著しく下回る労務費の設定は禁じる。違反した場合は違反勧告の対象とする。建設業者が極端に短い工期とすることを防ぐための方策も盛り込む見通しだ。

デベロッパーといった建設の発注元となる企業は専門性の高い現場業務を工事会社などに発注することが多い。業務を請け負う技能者は日雇いが中心で、賃金水

準が低いといった課題が指摘される。

国が職種ごとに労務費の相場観を示すことで、建設業者側が技能者の労務費を削って赤字でも受注するような事態を回避する狙いもある。

建設業界では人手不足や高齢化が深刻となっている。22年時点の建設業の就業者数は479万人で、ピーク時の1997年から30%減った。時間外労働の規制を強化する「2024年問題」が人手不足に追い打ちをかける恐れもある。適正な水準に賃金を底上げし、人材を確保しやすいようにする。

（2023年8月20日　日本経済新聞）

## ゼネコン8割でベア、人材確保急ぐ　残業規制が背中押す

労働力不足が慢性化している建設業界で、約8割のゼネコンが毎月の基本給を一律に引き上げるベースアップ（ベア）を2023年春の労使交渉で決めたことがわかった。大手5社も6年ぶりにベア実施で足並みをそろえた。24年から建設業界で時間外労働の上限規制が適用されることから、各社は待遇改善による人材確保を急いでいる。国が政府入札での賃上げ実施企業を22年から優遇していることも背景にある。

ゼネコン35社の労働組合が加盟する日本建設産業職員労働組合協議会（日建協）がまとめた23年春季労使交渉の中間報告で明らかになった。回答した31社のうち83%の26社がベアを決めた。

ベアの加重平均は6843円（1.58%）と前年度の3923円から大幅に引き上げた。日建協非加盟の大手4社（鹿島、大林組、大成建設、竹中工務店）でもベアを実施した。清水建設を加えた大手5社が一斉にベアを実施したのは6年ぶりだった。

31社中、26社が定期昇給とベア、4社が定昇のみ、1社が回答が未集計という。30社の引き上げ額は加重平均で2万371円（4.8%）と、前年度の1万3842円から7000円近く引き上げた。

建設業では鉄骨などの主要建材の価格が21年から22年にかけて高騰しており、ゼネコン各社の利益を圧迫する。上場する大手・準大手13社の23年3月期の連結売上高の合計は前の期比で11%増だった一方で、純利益では微減だった。手持ち工事の採算も悪化しており、赤字が見込まれる工事で計上する工事損失引当金は、13社の23年3月末時点の残高合計は22年3月比で43%増の2511億円と10年で最大だった。

業績が不透明感を増しているにもかかわらず、各社が大幅な賃上げに踏み切ったのには理由がある。ひとつは現場労働力の確保だ。24年度から働き方改革関連法に基づく時間外労働の上限規制の適用猶予が撤廃される。現在の労働力だけでは工期の遅れを招きかねない。新たな人材の確保が急がれる。

加えて建設業の構造的な人材不足もある。国土交通省によると22年度の建設業従事者（平均）は479万人と、1997年度の685万人から3割以上落ち込んだ。

一方で建設需要は旺盛だ。半導体などの設備投資や都心再開発、国土強靭（きょうじん）化に伴う大型土木工事などの施工量は潤沢だ。日本建設業連合会（東京・中央）によると、22年度の国内建設受注額は21年度比8.4％増の16兆2609億円と、過去20年で最高となった。現場の繁忙度合いが高まるなか、人材確保やつなぎ留めに向けた待遇改善は不可欠だ。

もうひとつの要因が国の賃上げ実施企業への公共工事における優遇策だ。22年4月から、公共工事に適用される総合評価入札で大企業で3％以上、中小企業で1.5％以上の賃上げを表明した業者を5～10％程度加点する措置が敷かれている。土木が中心となる公共工事の受注に大きな影響があることから、23年度も各社で引き続き3％以上の賃上げ水準を維持している。

22年度は日建協に労組が加盟するゼネコン33社のほか、鹿島など日建協非加盟の大手ゼネコン4社でも3％以上の賃上げを実施している。

初任給についても、日建協調査では71％の22社で引き上げられ、このうち19社では会社提示によるものだった。日建協は標準ラインとして24万円台を提示するが、23年度は25万円台が最も多く14社に上ったほか、26万円台も3社あった。日建協非加盟の大手4社でも初任給を引き上げており、日建協は「各社の人材獲得の動きが如実に表れた」と分析する。またピーエス三菱は4月に、正規従業員や契約社員1219人に月給の1カ月半相当となるインフレ特別支援金を支給している。

日建協は「昨年度に引き続き、企業業績よりも政策や社会情勢によって賃上げの大きな流れが作られた」とみる。24年の春季労使交渉に向けては、日建協で策定している個別賃金を改定し、物価上昇などを反映するという。

（2023年8月2日　日本経済新聞）

# 日建連、原則週休2日で工期見積もり　24年問題対応で

日本建設業連合会（日建連、東京・中央）は21日、加盟するゼネコンが民間建築工事の発注者に見積もりを提出する際に、現場を週2日閉じる「4週8閉所」を原則にするよう求めた。2024年4月から時間外労働の上限規制が適用される「2024年問題」に備える。建設業界で人手不足が深刻化する中、工期がこれまでより延びる可能性もある。

発注者に最初に提出する見積もりの段階で、4週8閉所と週40時間稼働を前提とした工期設定を原則とする。発注者から完成時期を指定されて対応が難しい場合は、作業員の増員などが必要になるとして価格引き上げへの理解を求める。

公正取引委員会から独占禁止法に抵触する恐れがない旨を確認して、21日開催された理事会で決議された。同日以降の受注で会員企業の対応を求める。

働き方改革関連法に基づき、建設業の時間外労働は24年4月から原則で年360時間、労使合意があっても720時間の上限が課され、違反企業には罰則も科される。21日に日建連が発表した調査では、回答があった会員81社の非管理職のうち、時間外労働が360時間を超えた者が22年度は約6割にのぼった。

日建連は労働時間削減に向け、4週8閉所を24年度までに全現場で達成する目標を掲げる。ただ、同日発表した調査では、回答があった会員企業99社での実施率は22年度通期で42.1％どまりだった。

蓮輪賢治副会長（大林組社長）は「特に民間建築で4週8閉所が定着しておらず、人材確保の観点として危機感を抱いた」として、業界で足並みをそろえる考えを示した。日建連は鹿島や清水建設など大手から中堅までゼネコン141社が加盟する。

（2023年7月21日　日本経済新聞）

# 不動産ID、年内にデータベース　住宅取引や物流で活用

政府は土地や建物など不動産ごとに識別番号を割り振る「不動産ID」のデータベースを年内に整備する。まず440市区町村で運用を始める。官民が収集した物件情報や災害リスクを一元的に把握できるようにし、まちづくりや不動産

取引、物流などを効率化する。

不動産IDは2022年に導入した。17ケタの番号によって戸建てやマンション、商業ビルを部屋単位で識別できる。物件ごとに原則1つのIDを配分する。

国土交通省は登記情報を持つ法務省やデジタル庁と連携して「不動産ID確認システム（仮称）」を整え、夏ごろに運用を始める。

23年度中に任意で選んだ全国440市区町村をシステムに接続。各地方自治体が開発規制やハザードマップといった公的データをひもづけできる仕組みを検討する。

利用者はシステムに住所や地番を入力して不動産IDを取得する。このIDを使って各自治体が関連づけたデータを使う。

不動産業者が物件を査定する際、現状は建物の建築規制や電気・ガスの設備状況などを複数の窓口で確認する必要がある。これらデータを一度に入手できれば、業務の効率化や中古物件の取引などが迅速になる。

物流サービスへの活用も期待される。ドローンで大量の荷物を複数地点に配送する場合、IDをもとにした地図情報で効率が良いルートを選べるようになる。自動運転車での配送にも生かせる見通しだ。

自治体の住宅政策でも利用できる。世帯ごとの水道利用の有無などを把握し、空き家かどうかを素早く判断できる。放置空き家の管理を強化し、民間事業者の中古取引を仲介することが可能になる。

千代田区や港区といった東京都の17区のほか、札幌市、さいたま市、京都市、高松市などが当初に入る見込み。早期に1700ほどの全市区町村に広げる。

国交省は30日に業界横断の官民協議会を設置する。不動産や物流、損害保険業界などが参加する見通し。

政府は23年夏にも公的機関による社会の基本データ「ベース・レジストリ」にIDを指定する方針だ。不動産分野でマイナンバー並みの位置づけになる。

不動産IDの普及のカギを握るのが民間事業者が持つデータとの連携だ。不動産業界にはすでに物件情報を集めた「レインズ」と呼ぶシステムがある。政府は24年1月から任意でレインズにID情報を接続できるようにする。

（2023年5月30日　日本経済新聞）

---

## ハウスコム、潜在ニーズ分析し理想物件を提案

---

不動産賃貸仲介のハウスコムは人工知能（AI）を活用した新たな部屋探しの提

案サービスを始めた。複数の質問の回答から顧客の嗜好を分析し、潜在的なニーズも推測した上で好みに合致しそうな候補物件を提案する。新型コロナウイルスの発生後、若い世代を中心にネットを使った検索が一段と増えており、部屋探しで新しい体験価値を提供して店舗を訪れるきっかけにもする。

サービス名は「Serendipity Living Search」。ハウスコムが蓄積した顧客情報や購買データを生かし、不動産の売買価格をAIで素早く査定するシステムを手掛けるSREホールディングスの技術と組み合わせた。ハウスコムによると、こうしたサービスは不動産業界で初めてという。

特徴はサービスの利用者と属性の近い集団の嗜好パターンをAIが分析し、様々な物件の中から好みとされる候補を提案する点だ。

利用者は専用サイトで年齢や年収のほか、自宅や勤務先の最寄り駅などの質問に回答する。AIが回答に基づき、特徴の異なる物件を10件ほど表示する。最初に表示された物件の中から自分の好みに合う物件を1つ以上選んでお気に入りに登録すると、AIが利用者の好みにより近いと思われる物件を探し、再び一覧で表示する。

従来は入居検討者が希望する条件や要望を指定し、条件を基に候補を検索することが多かった。好みの物件に出合うことがある半面、検討者によっては理想の物件を見つけるまでに条件の細かな変更を余儀なくされる。新サービスは利用者の潜在的なニーズに合致する可能性のある候補まで幅広く提案し、「予想外の発見」を提供していく。

新サービスの利用料は無料。当初は東京を中心とした首都圏を対象に対応し、主に1980～90年代生まれのミレニアル世代の利用を見込む。サービス・イノベーション室の西山玲児係長は「デジタルトランスフォーメーション（DX）により部屋探しの方法が変化するなか、新サービスは顧客との接点になる」と説明する。

ハウスコムは部屋探しにおける新たな体験を提供することで自社の認知度を高め、ファンを増やす狙いだ。新サービスの利用を通じ、現在全国で約200ある店舗に足を運ぶきっかけ作りと期待する。サービスの精度を向上しつつ、実施するエリアの拡大を検討していくという。

不動産業界はDX化が金融業などと比べ遅れていたが、新型コロナの影響で変わり始めた。分譲マンション販売ではモデルルームに出向くことなくオンラインで内見でき、契約業務や書類の電子化が進む。野村不動産は2022年秋、メタバース（仮想空間）で住宅購入の相談ができるサービスを始めた。顧客の利便性を高めて体験価値を提供する知恵比べが強まっていきそうだ。

## 公共工事の労務単価5.2％引き上げ　11年連続で最高

国土交通省は14日、国や地方自治体が公共工事費の見積もりに使う労務単価を3月から全国全職種平均で前年3月比で5.2％引き上げると発表した。現行の算定方式による引き上げは11年連続で過去最高を更新した。建設・土木業界での人手不足が続いていることを受け、賃上げの動きが広がっていることを反映した。

労務単価は毎年、土木や建設などの51職種の賃金を調べて改定している。全国全職種平均の上昇幅が5％を超えたのは14年（7.1％）以来9年ぶり。労働者が受け取るべき賃金をもとに1日あたり8時間労働で換算した場合、3月からの新たな単価は2万2227円となる。

とび工や鉄筋工など主要12職種では平均で5％の引き上げとなる。斉藤鉄夫国交相は14日の閣議後の記者会見で、「技能労働者の賃金水準の上昇につながる好循環が持続できるよう、官民一体となった取り組みの一層の推進に努める」と述べた。

（2023年2月14日　日本経済新聞）

## ▶ 労働環境

職種：営業　　年齢・性別：20代後半・男性

- 21時にパソコンが強制終了するので，その後は帰りやすいです。
- ダラダラやる人はパソコンが切れた後も何かしら雑務をしています。
- アポイントがあれば休日出勤もありますが，あまりありません。
- 上司によっては休日に働くことが美学の人もいて部下が困ることも。

職種：機械関連職　　年齢・性別：30代後半・男性

- OJT研修の期間も長く，社員育成に十分力を入れていると思います。
- 上司との面談も多く，失敗しても次頑張ろう，という雰囲気です。
  社員のモチベーションアップが会社のテーマとなっています。
- 個人個人の意欲を高めるためにチーム編成で課題に取り組むことも。

職種：個人営業　　年齢・性別：20代後半・男性

- 研修制度が整っていて，新入社員研修もしっかりとしています。
- スキルアップのために定期的にセミナーや勉強会にも参加できます。
- 無料で宅建の講座を受けることができます。
- キャリア面談が定期的にあり，自分の考えを上司に伝えやすいです。

職種：個人営業　　年齢・性別：20代後半・男性

- 結果を残せばそれに見合った報酬を受け取ることができます。
- 昇進・昇給は主には成果と勤務年数に応じてされているようです。
- 現場でのコミュニケーションはとても大事だと思います。
- 人間関係を丁寧に業務に取り組めば，正当に評価されると思います。

# ▶福利厚生

**職種：電気/電子関連職　　年齢・性別：20代後半・男性**

・大手ビル管理会社の中でも福利厚生はかなり良いと感じます。
・宿泊施設が安く利用できたり，系列施設の利用特典もあります。
・部活動なんかもありますが，部署によって環境は変わるようです。研修もしっかりしていて，電気資格やビル管の講習などもあります。

**職種：個人営業　　年齢・性別：20代後半・男性**

・大手なだけあって福利厚生はしっかりしています。
・キャリアアップ，資格取得に対してのバックアップも抜群です。
・グループのホテルやジム等を安く使えるので，とても便利です。
・住宅購入の際は，多少割引きがあります。

**職種：法人営業　　年齢・性別：20代後半・男性**

・福利厚生に関してはとても恵まれていると感じました。
・家賃補助は特に手厚く，新卒で東京に赴任した時は助かりました。
・有給も比較的取りやすく感じましたが，上司や部署によるようです。
・有給の取得基準がバラバラなので統一すればいいのにと思います。

**職種：不動産管理・プロパティマネジャー　　年齢・性別：20代後半・男性**

・福利厚生の中でも特に住宅補助は充実していると思います。
・35歳までは賃貸だと独身で3万円，既婚で6万円の住宅補助が出ます。
・持ち家であれば年齢制限はなく3万円が一律で支給されます。
・電車通勤出来る場所に実家があっても，住宅補助は出ます。

# ▶仕事のやりがい

職種：法人営業　　年齢・性別：20代後半・男性

- 地権者交渉はとてもやりがいを感じます。
- 複数の地権者を集めて大きな用地とする交渉はとても面白いです。
- 地権者一人一人の背景から，今後期待される事を読み取ります。
- 地権者側の希望とこちらの希望がマッチした時は達成感があります。

職種：個人営業　　年齢・性別：20代後半・男性

- 給料や福利厚生も申し分なく，働く環境は整っています。
- 百億単位の仕事を手がけられるので，やりがいは十分だと思います。
- 社員の意識も高いので切磋琢磨し自己の能力を向上していけます。
- 内需型から，今後は海外へシフトできるかが課題だと思います。

職種：個人営業　　年齢・性別：30代後半・男性

- お客様から契約が取れた時に，やりがいを感じます。
- 営業活動のやり方は自分次第なので，いろいろ方法を考えます。
- 自分なりのアプローチの仕方で契約を取れた時は本当に面白いです。
- ノルマもあるので大変ではありますが，その分達成感も大きいです。

職種：個人営業　　年齢・性別：20代後半・男性

- 営業で結果を出せば多くの手当がもらえるのでやりがいがあります。
- 契約が増えていくと，オーナー様からの紹介も増えてきます。
- 経験が増えるほど確実に仕事がしやすくなっていきます。
- 何よりお客様が満足し，感謝されることに大きな喜びを感じます。

# ▶ ブラック？ホワイト？

職種：代理店営業　　年齢・性別：20代後半・男性

・以前は残業はみなしでしたが，現在では残業代が支給されます。
・残業の申請には周りの空気を読む必要があります。
・残業代が出ている今の方が以前よりも手取りベースでは減額です。
・お客様都合のため，休日出勤もアポイントがあれば出社となります。

職種：個人営業　　年齢・性別：30代後半・男性

・とにかく数字が人格，数字さえあれば何をしても許される社風です。
・早く帰れていいのですが，最近は21時で強制的に電気が消えます。
・数字がないと会社に居づらい感じになり，辞める人は多いです。
・残っている人は家庭を顧みず働くので，離婚率も高いような気が。

職種：建設設計　　年齢・性別：20代後半・男性

・みなし残業がつきますが，実際はその3倍以上は残業をしています。
　私の在籍している支店では21時半前に帰る人はほとんどいません。
・優秀と言われる人は，休日もプランなどを練っている人が多いです。
　ほとんどプライベートは無いと思った方が無難かと。

職種：個人営業　　年齢・性別：20代後半・男性

・営業担当の苦労を理解できていない部署，担当者が多くて辛いです。
・会社の看板があるから営業は楽なはずと本気で思っている節が。
・ものづくりの会社だから技術者が大切なのは理解できますが，間接
　部門の年収より，営業部門の年収が低いのはやりきれません。

# ▶女性の働きやすさ

### 職種：電気／電子関連職　　年齢・性別：20代後半・男性

- 女性の数はまだまだ少数であるため働きやすいとは言い難いです。
- 男性主体の会社ですが，女性の活躍の場も年々増えてきてはいます。
- 会社の決まりでセクハラ等にはかなり敏感になっています。
- 管理職志望の女性は，この会社はあまり向いていないと思います。

### 職種：施工管理　　年齢・性別：20代前半・女性

- 産休育休は上司の理解がないと厳しいですが，制度はあります。
- 建設業界全体の状況としてあまり受け入れられない印象があります。
- 住宅業界は男性のみならず，女性の視点も重要なのですが。
- 今後はもっと上辺だけではない制度の改善が必要となるでしょう。

### 職種：コンサルティング営業　　年齢・性別：30代前半・男性

- 現在，管理職に就いている女性の数は僅かです。
- 最近は会社として積極的に女性の登用に力を入れています。
- 男性が多い職場なので実績が残せれば，昇進しやすい環境かも。
- 男社会なので細やかな指導を求めるのは難しいかもしれませんが。

### 職種：個人営業　　年齢・性別：30代後半・女性

- 育児休暇制度もあり，出産後も3年間は時間短縮が適用されます。
- 労働環境を向上させるため，男女同じように仕事を任されます。
- 女性も営業成績によって，男性と同様のポジションが与えられます。
- 女性の支店長も在籍しており，女性が差別されることはありません。

# ▶ 今後の展望

職種：個人営業　　　年齢・性別：20代後半・男性

・東日本大震災以降は休みがあまり取れず毎日忙しい状況です。
・多くの人に信頼されているからこその仕事量だと思っています。
・将来に関してはまだまだ生き残れる業界だと言えるでしょう。
・他社よりも特化したものを提供できれば成長可能な会社です。

職種：販促企画・営業企画　　　年齢・性別：20代後半・男性

・今後は介護分野，太陽光発電，海外展開が加速すると思います。
・条件の良い立地，土地オーナーとのめぐり合せが今後のカギに。
・ライバルの某社とは，少し毛色が違うため棲み分けは可能かと。
・既存事業も，まだまだ開拓の余地はあるかと。

職種：個人営業　　　年齢・性別：30代後半・男性

・リフォームについていえば，まだ相場より高めでも受注は可能です。
・ただ，大手以外のリフォーム会社との競合も増えてきています。
・大型物件についても，中小企業が実力をつけてきているのも事実。
・今後戸建て住宅レベルでは，顧客の取り込みが難しくなるかと。

職種：個人営業　　　年齢・性別：20代後半・男性

・戸建ての長寿命化で，建て替えのサイクルは確実に長くなります。
・建て替えからリフォーム需要の取り込みへシフトしています。
・他社より一歩出遅れてしまうスピード感のなさの改善が急務です。
・今後ニーズが多様化していく中どう対応していけるかだと思います。

## ●建設業界

| 会社名 | 本社住所 |
|---|---|
| ショーボンドホールディングス | 東京都中央区日本橋箱崎町 7 番 8 号 |
| ミライト・ホールディングス | 東京都江東区豊洲 5-6-36 |
| タマホーム | 東京都港区高輪 3 丁目 22 番 9 号 タマホーム本社ビル |
| ダイセキ環境ソリューション | 愛知県名古屋市港区船見町 1 番地 86 |
| 安藤・間 | 東京都港区赤坂六丁目 1 番 20 号 |
| 東急建設 | 東京都渋谷区渋谷 1-16-14　渋谷地下鉄ビル |
| コムシスホールディングス | 東京都品川区東五反田 2-17-1 |
| ミサワホーム | 東京都新宿区西新宿二丁目 4 番 1 号 新宿 NS ビル |
| 高松コンストラクショングループ | 大阪市淀川区新北野 1-2-3 |
| 東建コーポレーション | 名古屋市中区丸の内 2 丁目 1 番 33 号　東建本社丸の内ビル |
| ヤマウラ | 長野県駒ヶ根市北町 22 番 1 号 |
| 大成建設 | 東京都新宿区西新宿一丁目 25 番 1 号　新宿センタービル |
| 大林組 | 東京都港区港南 2 丁目 15 番 2 号 |
| 清水建設 | 東京都中央区京橋二丁目 16 番 1 号 |
| 飛島建設 | 神奈川県川崎市高津区坂戸 3 － 2 － 1 かながわサイエンスパーク (KSP) |
| 長谷工コーポレーション | 東京都港区芝二丁目 32 番 1 号 |
| 松井建設 | 東京都中央区新川 1-17-22 |
| 銭高組 | 大阪市西区西本町 2 丁目 2 番 11 号 なにわ筋ツインズウエスト |
| 鹿島建設 | 東京都港区元赤坂 1-3-1 |
| 不動テトラ | 東京都中央区日本橋小網町 7 番 2 号（ぺんてるビル） |

| 会社名 | 本社住所 |
|---|---|
| 大末建設 | 大阪市中央区久太郎町二丁目 5 番 28 号 |
| 鉄建建設 | 東京都千代田区三崎町 2 丁目 5 番 3 号 |
| 日鉄住金テックスエンジ | 東京都千代田区丸の内二丁目 5 番 2 号　三菱ビル |
| 西松建設 | 東京都港区虎ノ門一丁目 20 番 10 号 |
| 三井住友建設 | 東京都中央区佃二丁目 1 番 6 号 |
| 大豊建設 | 東京都中央区新川一丁目 24 番 4 号 |
| 前田建設工業 | 東京都千代田区猿楽町二丁目 8 番 8 号 猿楽町ビル |
| 佐田建設 | 群馬県前橋市元総社町 1-1-7 |
| ナカノフドー建設 | 東京都千代田区九段北四丁目 2 番 28 号 |
| 奥村組 | 大阪市阿倍野区松崎町二丁目 2 番 2 号 |
| 大和小田急建設 | 東京都新宿区西新宿 4-32-22 |
| 東鉄工業 | 東京都新宿区信濃町 34 JR 信濃町ビル 4 階 |
| イチケン | 東京都台東区北上野 2 丁目 23 番 5 号（住友不動産上野ビル 2 号館) |
| 淺沼組 | 大阪市天王寺区東高津町 12 番 6 号 |
| 戸田建設 | 東京都中央区京橋一丁目 7 番 1 号 |
| 熊谷組 | 東京都新宿区津久戸町 2 番 1 号 |
| 青木あすなろ建設 | 東京都港区芝 4 丁目 8 番 2 号 |
| 北野建設 | 長野県長野市県町 524 |
| 植木組 | 新潟県柏崎市新橋 2-8 |
| 三井ホーム | 東京都新宿区西新宿二丁目 1 番 1 号　新宿三井ビル 53 階 |
| 矢作建設工業 | 名古屋市東区葵三丁目 19 番 7 号 |
| ピーエス三菱 | 東京都中央区晴海二丁目 5 番 24 号　晴海センタービル 3 階 |

| 会社名 | 本社住所 |
|---|---|
| 大東建託 | 東京都港区港南二丁目 16 番 1 号　品川イーストワンタワー 21 ～ 24 階・（総合受付 24 階） |
| 新日本建設 | 千葉県千葉市美浜区ひび野一丁目 4 番 3 新日本ビル |
| NIPPO | 東京都中央区京橋 1 − 19 − 11 |
| 東亜道路工業 | 東京都港区六本木七丁目 3 番 7 号 |
| 前田道路 | 東京都品川区大崎 1 丁目 11 番 3 号 |
| 日本道路 | 東京都港区新橋 1-6-5 |
| 東亜建設工業 | 東京都新宿区西新宿 3-7-1　新宿パークタワー 31 階 |
| 若築建設 | 東京都目黒区下目黒二丁目 23 番 18 号 |
| 東洋建設 | 東京都江東区青海二丁目 4 番 24 号　青海フロンティアビル 12，13 階 |
| 五洋建設 | 東京都文京区後楽 2-2-8 |
| 大林道路 | 東京都墨田区堤通 1-19-9 リバーサイド隅田セントラルタワー 5F |
| 世紀東急工業 | 東京都港区芝公園 2 丁目 9 番 3 号 |
| 福田組 | 新潟県新潟市中央区一番堀通町 3-10 |
| 住友林業 | 東京都千代田区大手町一丁目 3 番 2 号（経団連会館） |
| 日本基礎技術 | 大阪市北区松ヶ枝町 6 番 22 号 |
| 日成ビルド工業 | 石川県金沢市金石北 3-16-10 |
| ヤマダ・エスバイエルホーム | 大阪市北区天満橋一丁目 8 番 30 号　OAP タワー 5 階 |
| 巴コーポレーション | 東京都中央区勝どき 4-5-17 かちどき泉ビル |
| パナホーム | 大阪府豊中市新千里西町 1 丁目 1 番 4 号 |
| 大和ハウス工業 | 大阪市北区梅田 3 丁目 3 番 5 号 |
| ライト工業 | 東京都千代田区五番町 6 番地 2 |
| 積水ハウス | 大阪市北区大淀中一丁目 1 番 88 号 梅田スカイビルタワーイースト |

| 会社名 | 本社住所 |
|---|---|
| 日特建設 | 東京都中央区銀座 8 丁目 14 番 14 号 |
| 北陸電気工事 | 富山県富山市小中 269 番 |
| ユアテック | 仙台市宮城野区榴岡 4 丁目 1 番 1 号 |
| 西部電気工業 | 福岡市博多区博多駅東 3 丁目 7 番 1 号 |
| 四電工 | 高松市松島町 1 丁目 11 番 22 号 |
| 中電工 | 広島市中区小網町 6 番 12 号 |
| 関電工 | 東京都港区芝浦 4-8-33 |
| きんでん | 大阪市北区本庄東 2 丁目 3 番 41 号 |
| 東京エネシス | 東京都中央区日本橋茅場町一丁目 3 番 1 号 |
| トーエネック | 愛知県名古屋市中区栄一丁目 20 番 31 号 |
| 住友電設 | 大阪市西区阿波座 2-1-4 |
| 日本電設工業 | 東京都台東区池之端一丁目 2 番 23 号 NDK 第二池之端ビル |
| 協和エクシオ | 東京都渋谷区渋谷 3 丁目 29 番 20 号 |
| 新日本空調 | 東京都中央区日本橋浜町 2-31-1　浜町センタービル |
| NDS | 愛知県名古屋市中区千代田 2-15-18 |
| 九電工 | 福岡市南区那の川一丁目 23 番 35 号 |
| 三機工業 | 東京都中央区明石町 8 番 1 号 |
| 日揮 | 横浜市西区みなとみらい 2-3-1 |
| 中外炉工業 | 大阪市中央区平野町 3 丁目 6 番 1 号 |
| ヤマト | 東京都中央区銀座 2-16-10 |
| 太平電業 | 東京都千代田区神田神保町 2-4 |
| 高砂熱学工業 | 東京都千代田区神田駿河台 4 丁目 2 番地 5 |

| 会社名 | 本社住所 |
|---|---|
| 三晃金属工業 | 東京都港区芝浦四丁目 13 番 23 号 |
| 朝日工業社 | 東京都港区浜松町一丁目 25 番 7 号 |
| 明星工業 | 大阪市西区京町堀 1 丁目 8 番 5 号（明星ビル） |
| 大氣社 | 東京都新宿区西新宿 8-17-1　住友不動産新宿グランドタワー |
| ダイダン | 大阪市西区江戸堀 1 丁目 9 番 25 号 |
| 日比谷総合設備 | 東京都港区芝浦 4-2-8　住友不動産三田ツインビル東館 |
| 東芝プラントシステム | 神奈川県横浜市鶴見区鶴見中央 4-36-5　鶴見東芝ビル |
| 東洋エンジニアリング | 東京都千代田区丸の内 1 丁目 5 番 1 号 |
| 千代田化工建設 | 神奈川県横浜市西区みなとみらい四丁目 6 番 2 号みなとみらいグランドセントラルタワー |
| 新興プランテック | 横浜市磯子区新磯子町 27-5 |

## ●不動産業界

| 会社名 | 本社住所 |
|---|---|
| 日本駐車場開発 | 大阪府大阪市北区小松原町 2 番 4 号 大阪富国生命ビル |
| ヒューリック | 東京都中央区日本橋大伝馬町 7 番 3 号 |
| 東京建物不動産販売 | 東京都新宿区西新宿 1 丁目 25 番 1 号(新宿センタービル) |
| 三栄建築設計 | 東京都杉並区西荻北 2-1-11 三栄本社ビル |
| 野村不動産ホールディングス | 東京都新宿区西新宿 1 丁目 26 番 2 号 |
| プレサンスコーポレーション | 大阪市中央区城見 1 丁目 2 番 27 号 クリスタルタワー 27 階 |
| 常和ホールディングス | 東京都中央区日本橋本町一丁目 7 番 2 号　常和江戸橋ビル 5 階 |
| フージャースホールディングス | 東京都千代田区神田美土代町 9-1 MD 神田ビル |
| オープンハウス | 千代田区丸の内 2-4-1　丸の内ビルディング 12F |
| 東急不動産ホールディングス | 東京都渋谷区道玄坂 1-21-2　新南平台東急ビル |
| エコナックホールディングス | 東京都港区南青山 7-8-4　高樹ハイツ |
| パーク 24 | 東京都千代田区有楽町 2-7-1 |
| パラカ | 東京都港区麻布台 1-11-9　CR 神谷町ビル 9F |
| 三井不動産 | 東京都中央区日本橋室町 2 丁目 1 番 1 号 |
| 三菱地所 | 東京都港区赤坂 2-14-27 国際新赤坂ビル東館 |
| 平和不動産 | 東京都中央区日本橋兜町 1 番 10 号 |
| 東京建物 | 東京都中央区八重洲一丁目 9 番 9 号 東京建物本社ビル |
| ダイビル | 大阪市北区中之島 3-6-32　ダイビル本館 |
| 京阪神ビルディング | 大阪市中央区瓦町四丁目 2 番 14 号 |
| 住友不動産 | 東京都新宿区西新宿二丁目 4 番 1 号　新宿 NS ビル |
| 大京 | 東京都渋谷区千駄ヶ谷 4-24-13　千駄ヶ谷第 21 大京ビル |
| テーオーシー | 東京都品川区西五反田 7 丁目 22 番 17 号 |

| 会社名 | 本社住所 |
|---|---|
| 東京楽天地 | 東京都墨田区江東橋 4 丁目 27 番 14 号 |
| レオパレス 21 | 東京都中野区本町 2 丁目 54 番 11 号 |
| フジ住宅 | 大阪府岸和田市土生町 1 丁目 4 番 23 号 |
| 空港施設 | 東京都大田区羽田空港 1-6-5 第五綜合ビル |
| 明和地所 | 千葉県浦安市入船 4-1-1 新浦安中央ビル 1F |
| 住友不動産販売 | 東京都新宿区西新宿二丁目 4 番 1 号 |
| ゴールドクレスト | 東京都千代田区大手町 2-1-1 |
| 日本エスリード | 大阪市福島区福島六丁目 25 番 19 号 |
| 日神不動産 | 東京都新宿区新宿五丁目 8 番 1 号 |
| タカラレーベン | 東京都新宿区西新宿 2-6-1 新宿住友ビル 26 階 |
| サンヨーハウジング名古屋 | 愛知県名古屋市瑞穂区妙音通三丁目 31 番地の 1 サンヨー本社ビル |
| イオンモール | 千葉県千葉市美浜区中瀬一丁目 5 番 |
| ファースト住建 | 兵庫県尼崎市東難波町 5-6-9 |
| ランド | 神奈川県横浜市西区北幸一丁目 11 番 5 号 相鉄 KS ビル 6F |
| トーセイ | 東京都港区虎ノ門四丁目 2 番 3 号 |
| 穴吹興産 | 香川県高松市鍛冶屋町 7-12 |
| エヌ・ティ・ティ都市開発 | 東京都千代田区外神田 4-14-1 秋葉原 UDX |
| サンフロンティア不動産 | 東京都千代田区有楽町一丁目 2 番 2 号 |
| エフ・ジェー・ネクスト | 東京都新宿区西新宿 6 丁目 5 番 1 号 新宿アイランドタワー 11F |
| ランドビジネス | 東京都千代田区霞が関三丁目 2 番 5 号霞が関ビルディング |
| グランディハウス | 栃木県宇都宮市大通り 4 丁目 3 番 18 号 |
| 日本空港ビルデング | 東京都大田区羽田空港 3-3-2 第 1 旅客ターミナルビル |

# 第**3**章

## 就職活動のはじめかた

入りたい会社は決まった。しかし「就職活動とはそもそ
も何をしていいのかわからない」「どんな流れで進むか
わからない」という声は意外と多い。ここでは就職活
動の一般的な流れや内容，対策について解説していく。

# ▶就職活動のスケジュール

| **3**月 | **4**月 | **6**月 |
|---|---|---|

就職活動スタート

> 2025年卒の就活スケジュールは,経団連と政府を中心に議論され,2024年卒の採用選考スケジュールから概ね変更なしとされている。

エントリー受付・提出

OB・OG訪問

> 企業の説明会には積極的に参加しよう。独自の企業研究だけでは見えてこなかった新たな情報を得る機会であるとともに,モチベーションアップにもつながる。また,説明会に参加した者だけに配布する資料などもある。

合同企業説明会　　個別企業説明会

筆記試験・面接試験等始まる（3月～）

内々定（大手企業）

## 2月末までにやっておきたいこと

就職活動が本格化する前に,以下のことに取り組んでおこう。
　◎自己分析　◎インターンシップ　◎筆記試験対策
　◎業界研究・企業研究　◎学内就職ガイダンス
自分が本当にやりたいことはなにか,自分の能力を最大限に活かせる会社はどこか。自己分析と企業研究を重ね,それを文章などにして明確にしておき,面接時に最大限に活用できるようにしておこう。

**7月**　　　　**8月**　　　　**10月**

中 小 企 業 採 用 本 格 化

内定者の数が採用予定数に満たない企業，1年を通して採用を継続している企業，夏休み以降に採用活動を実施企業（後期採用）は採用活動を継続して行っている。大企業でも後期採用を行っていることもあるので，企業から内定が出ても，納得がいかなければ継続して就職活動を行うこともある。

中小企業の採用が本格化するのは大手企業より少し遅いこの時期から。HPなどで採用情報をつかむとともに，企業研究も怠らないようにしよう。

内々定とは10月1日以前に通知（電話等）されるもの。内定に関しては現在協定があり，10月1日以降に文書等にて通知される。

内々定（中小企業）　　　　内定式（10月〜）

## どんな人物が求められる？

多くの企業は，常識やコミュニケーション能力があり，社会のできごとに高い関心を持っている人物を求めている。これは「会社の一員として将来の企業発展に寄与してくれるか」という視点に基づく，もっとも普遍的な選考基準だ。もちろん，「自社の志望を真剣に考えているか」「自社の製品，サービスにどれだけの関心を向けているか」という熱意の部分も重要な要素になる。

# 就活ロールプレイ！

就職活動のスタート

内定までの道のりは，大きく分けると以下のようになる。

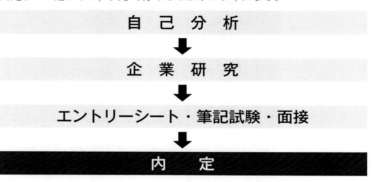

自 己 分 析

↓

企 業 研 究

↓

エントリーシート・筆記試験・面接

↓

内 定

## 01 まず自己分析からスタート

就職活動とは，「企業に自分をPRすること」。自分自身の興味，価値観に加えて，強み・能力という要素が加わって，初めて企業側に「自分が働いたら，こういうポイントで貢献できる」と自分自身を売り込むことができるようになる。

■自分の来た道を振り返る

自己分析をするための第一歩は，「振り返ってみる」こと。

小学校，中学校など自分のいた"場"ごとに何をしたか（部活動など），何を学んだか，交友関係はどうだったか，興味のあったこと，覚えている印象的なことを書き出してみよう。

■テストを受けてみる

"自分では気がついていない能力"を客観的に検査してもらうことで，自分に向いている職種が見えてくる。下記の5種類が代表的なものだ。

①職業適性検査　　②知能検査　　③性格検査

④職業興味検査　　⑤創造性検査

**■先輩や専門家に相談してみる**

　就職活動をするうえでは，“いかに他人に自分のことをわかってもらうか”が重要なポイント。他者の視点で自分を分析してもらうことで，より客観的な視点で自己PRができるようになる。

## 自己分析の流れ

❏過去の経験を書いてみる

❏現在の自己イメージを明確にする…行動，考え方，好きなものなど。

❏他人から見た自分を明確にする

❏将来の自分を明確にしてみる…どのような生活をおくっていたいか。期待，夢，願望。なりたい自分はどういうものか，掘り下げて考える。→自己分析結果を，志望動機につなげていく。

## 01 企業の絞り込み

　志望企業の絞り込みについての考え方は大きく分けて2つある。

　第1は，同一業種の中で1次候補，2次候補……と絞り込んでいく方法。

　第2は，業種を1次，2次，3次候補と変えながら，それぞれに2社程度ずつ絞り込んでいく方法。

　第1の方法では，志望する同一業種の中で，一流企業，中堅企業，中小企業，縁故などがある歯止めの会社……というふうに絞り込んでいく。

　第2の方法では，自分が最も望んでいる業種，将来好きになれそうな業種，発展性のある業種，安定性のある業種，現在好況な業種……というふうに区別して，それぞれに適当な会社を絞り込んでいく。

## 02 情報の収集場所

・キャリアセンター

・新聞

・インターネット

・企業情報

『就職四季報』（東洋経済新報社刊），『日経会社情報』（日本経済新聞社刊）などの企業情報。この種の資料は本来“株式市場”についての資料だが，その時期の景気動向を含めた情報を仕入れることができる。

・経済雑誌

『ダイヤモンド』（ダイヤモンド社刊）や『東洋経済』（東洋経済新報社刊），『エコノミスト』（毎日新聞出版刊）など。

・OB・OG／社会人

## 03 志望企業をチェック

### ①成長力

　まず"売上高"。次に資本力の問題や利益率などの比率。いくら資本金があっても，それを上回る膨大な借金を抱えていて，いくら稼いでも利払いに追われまくるようでは，成長できないし，安定できない。

　成長力を見るには自己資本率を割り出してみる。自己資本を総資本で割って100を掛けると自己資本率がパーセントで出てくる。自己資本の比率が高いほうが成長力もあり安定度も高い。

　利益率は純利益を売上高で割って100を掛ける。利益率が高ければ，企業はどんどん成長するし，社員の待遇も上昇する。利益率が低いということは，仕事がどんなに忙しくても利益にはつながらないということになる。

### ②技術力

　技術力は，短期的な見方と長期的な展望が必要になってくる。研究部門が適切な規模か，大学など企業外の研究部門との連絡があるか，先端技術の分野で開発を続けているかどうかなど。

### ③経営者と経営形態

　会社が将来，どのような発展をするか，または衰退するかは経営者の経営哲学，経営方針によるところが大きい。社長の経歴を知ることも必要。創始者の息子，孫といった親族が社長をしているのか，サラリーマン社長か，官庁などからの天下りかということも大切なチェックポイント。

### ④社風

　社風というのは先輩社員から後輩社員に伝えられ，教えられるもの。社風もいろいろな面から必ずチェックしよう。

### ⑤安定性

　企業が成長しているか，安定しているかということは車の両輪。どちらか片方の回転が遅くなっても企業はバランスを失う。安定し，しかも成長する。これが企業として最も理想とするところ。

### ⑥待遇

　初任給だけを考えてみても，それが手取りなのか，基本給なのか。基本給というのはボーナスから退職金，定期昇給の金額にまで響いてくる。また，待遇というのは給与ばかりではなく，福利厚生施設でも大きな差が出てくる。

## ■そのほかの会社比較の基準

### 1. ゆとり度

　休暇制度は，企業によって独自のものを設定しているところもある。「長期休暇制度」といったものなどの制定状況と，また実際に取得できているかどうかも調べたい。

### 2. 独身寮や住宅設備

　最近では，社宅は廃止し，住宅手当を多く出すという流れもある。寮や社宅についての福利厚生は調べておく。

### 3. オフィス環境

　会社に根づいた慣習や社員に対する考え方が，意外にオフィスの設備やレイアウトに表れている場合がある。

　たとえば，個人の専有スペースの広さや区切り方，パソコンなどOA機器の設置状況，上司と部下の机の配置など，会社によってずいぶん違うもの。玄関ロビーや受付の様子を観察するだけでも，会社ごとのカラーや特徴がどこかに見えてくる。

### 4. 勤務地

　転勤はイヤ，どうしても特定の地域で生活していきたい。そんな声に応えて，最近は流通業などを中心に，勤務地限定の雇用制度を取り入れる企業も増えている。

---

### column　初任給では分からない本当の給与

　会社の給与水準には「初任給」「平均給与」「平均ボーナス」「モデル給与」など，判断材料となるいくつかのデータがある。これらのデータからその会社の給料の優劣を判断するのは非常に難しい。

　たとえば中小企業の中には，初任給が飛び抜けて高い会社がときどきある。しかしその後の昇給率は大きくないのがほとんど。

　一方，大手企業の初任給は業種間や企業間の差が小さく，ほとんど横並びと言っていい。そこで，「平均給与」や「平均ボーナス」などで将来の予測をするわけだが，これは一応の目安とはなるが，個人差があるので正確とは言えない。

---

## 04 就職ノートの作成

**■決定版「就職ノート」はこう作る**

　1冊にすべて書き込みたいという人には，ルーズリーフ形式のノートがお勧め。会社研究，スケジュール，時事用語，OB／OG訪問，切り抜きなどの項目を作りインデックスをつける。

　カレンダー，説明会，試験などのスケジュール表を貼り，とくに会社別の説明会，面談，書類提出，試験の日程がひと目で分かる表なども作っておく。そして見開き2ページで1社を載せ，左ページに企業研究，右ページには志望理由，自己PRなどを整理する。

### 就職ノートの主なチェック項目

❏企業研究…資本金，業務内容，従業員数など基礎的な会社概要から，過去の採用状況，業務報告などのデータ

❏採用試験メモ…日程，条件，提出書類，採用方法，試験の傾向など

❏店舗・営業所見学メモ…流通関係，銀行などの場合は，客として訪問し，商品（値段，使用価値，ユーザーへの配慮），店員（接客態度，商品知識，熱意，親切度），店舗（ショーケース，陳列の工夫，店内の清潔さ）などの面をチェック

❏OB／OG訪問メモ…OB／OGの名前，連絡先，訪問日時，面談場所，質疑応答のポイント，印象など

❏会社訪問メモ…連絡先，人事担当者名，会社までの交通機関，最寄り駅からの地図，訪問のときに得た情報や印象，訪問にいたるまでの経過も記入

「OB／OG訪問」は，実際は採用予備選考開始。まず，OB／OG訪問を希望したら，大学のキャリアセンター，教授などの紹介で，志望企業に勤める先輩の手がかりをつかむ。もちろん直接電話なり手紙で，自分の意向を会社側に伝えてもいい。自分の在籍大学，学部をはっきり言って，「先輩を紹介していただけないでしょうか」と依頼しよう。

**参考**

## OB／OG訪問時の質問リスト例

● **採用について**

・成績と面接の比重　　　　　　　・評価のポイント

・採用までのプロセス（日程）　　・筆記試験の傾向と対策

・面接は何回あるか　　　　　　　・コネの効力はどうか

・面接で質問される事項　etc.

● **仕事について**

・内容(入社10年, 20年のOB/OG)　・新入社員の仕事

・希望職種につけるのか　　　　　・やりがいはどうか

・残業，休日出勤，出張など　　　・同業他社と比較してどうか　etc.

● **社風について**

・社内のムード　　　　　　　　　・上司や同僚との関係

・仕事のさせ方　etc.

● **待遇について**

・給与について　　　　　　　　　・福利厚生の状態

・昇進のスピード　　　　　　　　・離職率について　etc.

## 06 インターンシップ

インターンシップとは，学生向けに企業が用意している「就業体験」プログラム。ここで学生はさまざまな企業の実態をより深く知ることができ，その後の就職活動において自己分析，業界研究，職種選びなどに活かすことができる。また企業側にとっても有能な学生を発掘できるというメリットがあるため，導入する企業は増えている。

インターンシップ参加が採用につながっているケースもあるため，たくさん参加してみよう。

---

### column コネを利用するのも1つの手段？

コネを活用できるのは，以下のような場合である。

**・企業と大学に何らかの「連絡」がある場合**

　企業の新卒採用の場合，特定校・指定校が決められていることもある。企業側が過去の実績などに基づいて決めており，大学の力が大きくものをいう。

　とくに理工系では，指導教授や研究室と企業との連絡が密接な場合が多く，教授の推薦が有利であることは言うまでもない。同じ大学出身の先輩とのコネも，この部類に区分できる。

**・志望企業と「関係」ある人と関係がある場合**

　一般的に言えば，志望企業の取り引き先関係からの紹介というのが一番多い。ただし，年間億単位の実績が必要で，しかも部長・役員以上につながっていなければコネがあるとは言えない。

**・志望企業と何らかの「親しい関係」がある場合**

　志望企業に勤務したりアルバイトをしていたことがあるという場合。インターンシップもここに分類される。職場にも馴染みがあり人間関係もできているので，就職に際してきわめて有利。

**・志望会社に関係する人と「縁故」がある場合**

　縁故を「血縁関係」とした場合，日本企業ではこのコネはかなり有効なところもある。ただし，血縁者が同じ会社にいるというのは不都合なことも多いので，どの企業も慎重。

# 07 会社説明会のチェックポイント

## 1. 受付の様子

　受付事務がテキパキとしていて，分かりやすいかどうか。社員の態度が親切で誠意が伝わってくるかどうか。

　こういった受付の様子からでも，その会社の社員教育の程度や，新入社員採用に対する熱意とか期待を推し測ることができる。

## 2. 控え室の様子

　控え室が2カ所以上あって，国立大学と私立大学の訪問者とが，別々に案内されているようなことはないか。また，面談の順番を意図的に変えているようなことはないか。これはよくある例で，すでに大半は内定しているということを意味する場合が多い。

## 3. 社内の雰囲気

　社員の話し方，その内容を耳にはさむだけでも，社風が伝わってくる。

## 4. 面談の様子

　何時間も待たせたあげくに，きわめて事務的に，しかも投げやりな質問しかしないような採用担当者である場合，この会社は人事が適正に行われていないということだから，一考したほうがよい。

---

 **▶ 説明会での質問項目**

・質問内容が抽象的でなく，具体性のあるものかどうか。
・質問内容は，現在の社会・経済・政治などの情況を踏まえた，
　大学生らしい高度で専門性のあるものか。
・質問をするのはいいが，「それでは，あなたの意見はどうか」と
　逆に聞かれたとき，自分なりの見解が述べられるものであるか。

---

　提出する書類は6種類。①〜③が大学に申請する書類，④〜⑥が自分で書く書類だ。大学に申請する書類は一度に何枚も入手しておこう。

①「卒業見込証明書」

②「成績証明書」

③「健康診断書」

④「履歴書」

⑤「エントリーシート」

⑥「会社説明会アンケート」

### ■自分で書く書類は「自己PR」

　第1次面接に進めるか否かは「自分で書く書類」の出来にかかっている。「履歴書」と「エントリーシート」は会社説明会に行く前に準備しておくもの。「会社説明会アンケート」は説明会の際に書き，その場で提出する書類だ。

## 01 履歴書とエントリーシートの違い

　Webエントリーを受け付けている企業に資料請求をすると，資料と一緒に「エントリーシート」が送られてくるので，応募サイトのフォームやメールでエントリーシートを送付する。Webエントリーを行っていない企業には，ハガキやメールで資料請求をする必要があるが，「エントリーシート」は履歴書とは異なり，企業が設定した設問に対して回答するもの。すなわちこれが「1次試験」であり，これにパスをした人だけが会社説明会に呼ばれる。

**■字はていねいに**

字を書くところから，その企業に対する"本気度"は測られている。

**■誤字，脱字は厳禁**

使用するのは，黒のインク。

**■修正液使用は不可**

**■数字は算用数字**

**■自分の広告を作るつもりで書く**

自分はこういう人間であり，何がしたいかということを簡潔に書く。メリットになることだけで良い。自分に損になるようなことを書く必要はない。

**■「やる気」を示す具体的なエピソードを**

「私はやる気があります」「私は根気があります」という抽象的な表現だけではNG。それを示すエピソードのようなものを書かなくては意味がない。

─ Point ─

自己紹介欄の項目はすべて「自己PR」。自分はこういう人間であることを印象づけ，それがさらに企業への「志望動機」につながっていくような書き方をする。

**column** 履歴書やエントリーシートは，共通でもいい？

「履歴書」や「エントリーシート」は企業によって書き分ける。業種はもちろん，同じ業界の企業であっても求めている人材が違うからだ。各書類は提出前にコピーを取り，さらに出した企業名を忘れずに書いておくことも大切だ。

## 履歴書記入のPoint

| | |
|---|---|
| **写真** | スナップ写真は不可。<br>スーツ着用で,胸から上の物を使用する。ポイントは「清潔感」。<br>氏名・大学名を裏書きしておく。 |
| **日付** | 郵送の場合は投函する日,持参する場合は持参日の日付を記入する。 |
| **生年月日** | 西暦は避ける。元号を省略せずに記入する。 |
| **氏名** | 戸籍上の漢字を使う。印鑑押印欄があれば忘れずに押す。 |
| **住所** | フリガナ欄がカタカナであればカタカナで,平仮名であれば平仮名で記載する。 |
| **学歴** | 最初の行の中央部に「学□□歴」と2文字程度間隔を空けて,中学校卒業から大学(卒業・卒業見込み)まで記入する。<br>中途退学の場合は,理由を簡潔に記載する。留年は記入する必要はない。<br>職歴がなければ,最終学歴の一段下の行の右隅に,「以上」と記載する。 |
| **職歴** | 最終学歴の一段下の行の中央部に「職□□歴」と2文字程度間隔を空け記入する。<br>「株式会社」や「有限会社」など,所属部門を省略しないで記入する。<br>「同上」や「〃」で省略しない。<br>最終職歴の一段下の行の右隅に,「以上」と記載する。 |
| **資格・免許** | 4級以下は記載しない。学習中のものも記載して良い。<br>「普通自動車第一種運転免許」など,省略せずに記載する。 |
| **趣味・特技** | 具体的に(例:読書でもジャンルや好きな作家を)記入する。 |
| **志望理由** | その企業の強みや良い所を見つけ出したうえで,「自分の得意な事」がどう活かせるかなどを考えぬいたものを記入する。 |
| **自己PR** | 応募企業の事業内容や職種にリンクするような,自分の経験やスキルなどを記入する。 |
| **本人希望欄** | 面接の連絡方法,希望職種・勤務地などを記入する。「特になし」や空白はNG。 |
| **家族構成** | 最初に世帯主を書き,次に配偶者,それから家族を祖父母,兄弟姉妹の順に。続柄は,本人から見た間柄。兄嫁は,義姉と書く。 |
| **健康状態** | 「良好」が一般的。 |

## 01 エントリーシートの目的

・応募者を，決められた採用予定者数に絞り込むこと

・面接時の資料にする

の2つ。

### ■知りたいのは職務遂行能力

採用担当者が学生を見る場合は,「こいつは与えられた仕事をこなせるかどう か」という目で見ている。企業に必要とされているのは仕事をする能力なのだ。

**Point**

質問に忠実に，"自分がいかにその会社の求める人材に当てはまるか"を
丁寧に答えること。

## 02 効果的なエントリーシートの書き方

### ■情報を伝える書き方

課題をよく理解していることを相手に伝えるような気持ちで書く。

### ■文章力

大切なのは全体のバランスが取れているか。書く前に，何をどれくらいの字 数で収めるか計算しておく。

「起承転結」でいえば，「起」は，文章を起こす導入部分。「承」は，起を受け て，その提起した問題に対して承認を求める部分。「転」は，自説を展開する 部分。もっともオリジナリティが要求される。「結」は，最後の締めの結論部分。 文章の構成・まとめる力で，総合的な能力が高いことをアピールする。

**参考** ▶**エントリーシートでよく取り上げられる題材と，その出題意図**

　エントリーシートで求められるものは，「自己PR」「志望動機」「将来どうなりたいか（目指すこと）」の3つに大別される。

## 1.「自己PR」

　自己分析にしたがって作成していく。重要なのは，「なぜそうしようと思ったか？」「○○をした結果，何が変わったのか？何を得たのか？」という"連続性"が分かるかどうかがポイント。

## 2.「志望動機」

　自己PRと一貫性を保ち，業界志望理由と企業志望理由を差別化して表現するように心がける。志望する業界の強みと弱み，志望企業の強みと弱みの把握は基本。

## 3.「将来の展望」

　どんな社員を目指すのか，仕事へはどう臨もうと思っているか，目標は何か，などが問われる。仕事内容を事前に把握しておくだけでなく，5年後の自分，10年後の自分など，具体的な将来像を描いておくことが大切。

---

### 表現力，理解力のチェックポイント

❏ 文法，語法が正しいかどうか

❏ 論旨が論理的で一貫しているかどうか

❏ 1センテンスが簡潔かどうか

❏ 表現が統一されているかどうか（「です，ます」調か「だ，である」調か）

就職活動のはじめかた　167

# 面接試験の進みかた

## 01 個人面接

### ●自由面接法

面接官と受験者のキャラクターやその場の雰囲気，質問と応答の進行具合などによって雑談形式で自由に進められる。

### ●標準面接法

自由面接法とは逆に，質問内容や評価の基準などがあらかじめ決まっている。実際には自由面接法と併用で，おおまかな質問事項や判定基準，評価ポイントを決めておき，質疑応答の内容上の制限を緩和しておくスタイルが一般的。1次面接などでは標準面接法をとり，2次以降で自由面接法をとる企業も多い。

### ●非指示面接法

受験者に自由に発言してもらい，面接官は話題を引き出したりするときなど，最小限の質問をするという方法。

### ●圧迫面接法

わざと受験者の精神状態を緊張させ，受験者がどのような応答をするかを観察し，判定する。受験者は，冷静に対応することが肝心。

## 02 集団面接

面接の方法は個人面接と大差ないが，面接官がひとつの質問をして，受験者が順にそれに答えるという方法と，面接官が司会役になって，座談会のような形式で進める方法とがある。

座談会のようなスタイルでの面接は，なるべく受験者全員が関心をもっているような話題を取りあげ，意見を述べさせるという方法。この際，司会役以外の面接官は一言も発言せず，判定・評価に専念する。

グループディスカッション（以下，GD）の時間は30〜60分程度，1グループの人数は5〜10人程度で，司会は面接官が行う場合や，時間を決めて学生が交替で行うことが多い。面接官は内容については特に指示することはなく，受験者がどのようにGDを進めるかを観察する。

評価のポイントは，全体的には理解力，表現力，指導性，積極性，協調性など，個別的には性格，知識，適性などが観察される。

GDの特色は，集団の中での個人ということで，受験者の能力がどの程度のものであるか，また，どのようなことに向いているかを判定できること。受験者は，グループの中における自分の位置を面接官に印象づけることが大切だ。

### グループディスカッション方式の面接におけるチェックポイント

- ❏ 全体の中で適切な論点を提供できているかどうか。
- ❏ 問題解決に役立つ知識を持っているか，また提供できているかどうか。
- ❏ もつれた議論を解きほぐし，的はずれの議論を元に引き戻す努力をしているかどうか。
- ❏ グループ全体としての目標をいつも考えているかどうか。
- ❏ 感情的な対立や攻撃をしかけているようなことはないか。
- ❏ 他人の意見に耳を傾け，よい意見には賛意を表し，それを全体に推し広げようという寛大さがあるかどうか。
- ❏ 議論の流れを自然にリードするような主導性を持っているかどうか。
- ❏ 提出した意見が議論の進行に大きな影響を与えているかどうか。

## 04 面接時の注意点

### ●控え室

控え室には，指定された時間の15分前には入室しよう。そこで担当の係から，面接に際しての注意点や手順の説明が行われるので，疑問点は積極的に聞くようにし，心おきなく面接にのぞめるようにしておこう。会社によっては，所定のカードに必要事項を書き込ませたり，お互いに自己紹介をさせたりする場合もある。また，この控え室での行動も細かくチェックして，合否の資料にしている会社もある。

●入室・面接開始

　係員がドアの開閉をしてくれる場合もあるが，それ以外は軽くノックして入室し，必ずドアを閉める。そして入口近くで軽く一礼し，面接官か補助員の「どうぞ」という指示で正面の席に進み，ここで再び一礼をする。そして，学校名と氏名を名のって静かに着席する。着席時は，軽く椅子にかけるようにする。

●面接終了と退室

　面接の終了が告げられたら，椅子から立ち上がって一礼し，椅子をもとに戻して，面接官または係員の指示を受けて退室する。

　その際も，ドアの前で面接官のほうを向いて頭を下げ，静かにドアを開閉する。控え室に戻ったら，係員の指示を受けて退社する。

## 05 面接試験の評定基準

●協調性

　企業という「集団」では，他人との協調性が特に重視される。

　感情や態度が円満で調和がとれていること，極端に好悪の情が激しくなく，物事の見方や考え方が穏健で中立であることなど，職場での人間関係を円滑に進めていくことのできる人物かどうかが評価される。

●話し方

　外観印象的には，言語の明瞭さや応答の態度そのものがチェックされる。小さな声で自信のない発言，乱暴野卑な発言は減点になる。

　考えをまとめたら，言葉を選んで話すくらいの余裕をもって，真剣に応答しようとする姿勢が重視される。軽率な応答をしたり，まして発言に矛盾を指摘されるような事態は極力避け，もしそのような状況になりそうなときは，自分の非を認めてはっきりと謝るような態度を示すべき。

●好感度

　実社会においては，外観による第一印象が，人間関係や取引に大きく影響を及ぼす。

　「フレッシュな爽やかさ」に加え，入社志望など，自分の意思や希望をより明確にすることで，強い信念に裏づけられた姿勢をアピールできるよう努力したい。

●判断力

何を質問されているのか，何を答えようとしているのか，常に冷静に判断していく必要がある。

## ●表現力

話に筋道が通り理路整然としているか，言いたいことが簡潔に言えるか，話し方に抑揚があり聞く者に感銘を与えるか，用語が適切でボキャブラリーが豊富かどうか。

## ●積極性

活動意欲があり，研究心旺盛であること，進んで物事に取り組み，創造的に解決しようとする意欲が感じられること，話し方にファイトや情熱が感じられること，など。

## ●計画性

見通しをもって順序よく合理的に仕事をする性格かどうか，またその能力の有無。企業の将来性のなかに，自分の将来をどうかみ合わせていこうとしているか，現在の自分を出発点として，何を考え，どんな仕事をしたいのか。

## ●安定性

情緒の安定は，社会生活に欠くことのできない要素。自分自身をよく知っているか，他の人に流されない信念をもっているか。

## ●誠実性

自分に対して忠実であろうとしているか，物事に対してどれだけ誠実な考え方をしているか。

## ●社会性

企業は集団活動なので，自分の考えに固執したり，不平不満が多い性格は向かない。柔軟で適応性があるかどうか。

### Point

清潔感や明朗さ，若々しさといった外観面も重視される。

## 06 面接試験の質問内容

### 1. 志望動機

受験先の概要や事業内容はしっかりと頭の中に入れておく。また，その企業の企業活動の社会的意義と，自分自身の志望動機との関連を明確にしておく。「安定している」「知名度がある」「将来性がある」といった利己的な動機，「自

分の性格に合っている」というような，あいまいな動機では説得力がない。安定性や将来性は，具体的にどのような企業努力によって支えられているのかという考察も必要だし，それに対する受験者自身の評価や共感なども問われる。

①どうしてその業種なのか

②どうしてその企業なのか

③どうしてその職種なのか

以上の①～③と，自分の性格や資質，専門などとの関連性を説明できるようにしておく。

自分がどうしてその会社を選んだのか，どこに大きな魅力を感じたのかを，できるだけ具体的に，情熱をもって語ることが重要。自分の長所と仕事の適性を結びつけてアピールし，仕事のやりがいや仕事に対する興味を述べるのもよい。

■複数の企業を受験していることは言ってもいい？

同じ職種，同じ業種で何社かかけもちしている場合，正直に答えてもかまわない。しかし，「第一志望はどこですか」というような質問に対して，正直に答えるべきかどうかというと，やはりこれは疑問がある。どんな会社でも，他社を第一志望にあげられれば，やはり愉快には思わない。

また，職種や業種の異なる会社をいくつか受験する場合も同様で，極端に性格の違う会社をあげれば，その矛盾を突かれるのは必至だ。

## 2. 仕事に対する意識・職業観

採用試験の段階では，次年度の配属予定が具体的に固まっていない会社もかなりある。具体的に職種や部署などを細分化して募集している場合は別だが，そうでない場合は，希望職種をあまり狭く限定しないほうが賢明。どの業界においても，採用後，新入社員には，研修としてその会社の各セクションをひと通り経験させる企業は珍しくない。そのうえで，具体的な配属計画を検討するのだ。

大切なことは，就職や職業というものを，自分自身の生き方の中にどう位置づけるか，また，自分の生活の中で仕事とはどういう役割を果たすのかを考えてみること。つまり自分の能力を活かしたい，社会に貢献したい，自分の存在価値を社会的に実現してみたい，ある分野で何か自分の力を試してみたい……，などの場合を考え，それを自分自身の人生観，志望職種や業種などとの関係を考えて組み立ててみる。自分の人生観をもとに，それを自分の言葉で表現できるようにすることが大切。

## 3. 自己紹介・自己PR

性格そのものを簡単に変えたり，欠点を克服したりすることは実際には難しいが，"仕方がない"という姿勢を見せることは禁物で，どんなささいなことでも，努力している面をアピールする。また一般的にいって，専門職を除けば，就職時になんらかの資格や技能を要求する企業は少ない。

ただ，資格をもっていれば採用に有利とは限らないが，専門性を要する業種では考慮の対象とされるものもある。たとえば英検，簿記など。

企業が学生に要求しているのは，4年間の勉学を重ねた学生が，どのように仕事に有用であるかということで，学生の知識や学問そのものを聞くのが目的ではない。あくまで，社会人予備軍としての謙虚さと素直さを失わないようにする。

知識や学力よりも，その人の人間性，ビジネスマンとしての可能性を重視するからこそ，面接担当者は，学生生活全般について尋ねることで，書類だけでは分からない人間性を探ろうとする。

何かうち込んだものや思い出に残る経験などは，その人の人間的な成長になんらかの作用を及ぼしているものだ。どんな経験であっても，そこから受けた印象や教訓などは，明確に答えられるようにしておきたい。

### 4. 一般常識・時事問題

一般常識・時事問題については筆記試験の分野に属するが，面接でこうしたテーマがもち出されることも珍しくない。受験者がどれだけ社会問題に関心をもっているか，一般常識をもっているか，また物事の見方・考え方に偏りがないかなどを判定する。知識や教養だけではなく，一問一答の応答を通じて，その人の性格や適応能力まで判断されることになる。

## 07 面接に向けての事前準備

### ■面接試験1カ月前までには万全の準備をととのえる

### ●志望会社・職種の研究

新聞の経済欄や経済雑誌などのほか，会社年鑑，株式情報など書物による研究をしたり，インターネットにあがっている企業情報や，検索によりさまざまな角度から調べる。すでにその会社へ就職している先輩や知人に会って知識を得たり，大学のキャリアセンターへ情報を求めるなどして総合的に判断する。

### ■専攻科目の知識・卒論のテーマなどの整理

大学時代にどれだけ勉強してきたか，専攻科目や卒論のテーマなどを整理しておく。

### ■時事問題に対する準備

毎日欠かさず新聞を読む。志望する企業の話題は，就職ノートに整理するなどもアリ。

## 面接当日の必需品

- ❏必要書類（履歴書，卒業見込証明書，成績証明書，健康診断書，推薦状）
- ❏学生証
- ❏就職ノート（志望企業ファイル）
- ❏印鑑，朱肉
- ❏筆記用具（万年筆，ボールペン，サインペン，シャープペンなど）
- ❏手帳，ノート
- ❏地図（訪問先までの交通機関などをチェックしておく）
- ❏現金（小銭も用意しておく）
- ❏腕時計（オーソドックスなデザインのもの）
- ❏ハンカチ，ティッシュペーパー
- ❏くし，鏡（女性は化粧品セット）
- ❏シューズクリーナー
- ❏ストッキング
- ❏折りたたみ傘（天気予報をチェックしておく）
- ❏携帯電話，充電器

## STEP6 筆記試験の種類

理論編

■一般常識試験

> 社会人として企業活動を行ううえで最低限必要となる一般常識のほか，
> 英語，国語，社会(時事問題)，数学などの知識の程度を確認するもの。

　難易度はおおむね中学・高校の教科書レベル。一般常識の問題集を1冊やっておけばよいが，業界によっては専門分野が出題されることもあるため，必ず志望する企業のこれまでの試験内容は調べておく。

■一般常識試験の対策

・**英語**　慣れておくためにも，教科書を復習する，英字新聞を読むなど。

・**国語**　漢字，四字熟語，反対語，同音異義語，ことわざをチェック。

・**時事問題**　新聞や雑誌，テレビ，ネットニュースなどアンテナを張っておく。

■**適性検査**

　SPI（Synthetic Personality Inventory）試験（SPI3試験）とも呼ばれ，能力テストと性格テストを合わせたもの。

　能力テストでは国語能力を測る「言語問題」と，数学能力を測る「非言語問題」がある。言語的能力，知覚能力，数的能力のほか，思考・推理能力，記憶力，注意力などの問題で構成されている。

　性格テストは「はい」か「いいえ」で答えていく。仕事上の適性と性格の傾向などが一致しているかどうかをみる。

> SPIは職務への適応性を客観的にみるためのもの。

## 01 「論文」と「作文」

　一般に「論文」はあるテーマについて自分の意見を述べ，その論証をする文章で，必ず意見の主張とその論証という2つの部分で構成される。問題提起と論旨の展開，そして結論を書く。

　「作文」は，一般的には感想文に近いテーマ，たとえば「私の興味」「将来の夢」といったものがある。

　就職試験では「論文」と「作文」を合わせた"論作文"とでもいうようなものが出題されることが多い。

　論作文試験とは，「文章による面接」。テーマに書き手がどういう態度を持っているかを知ることが，出題の主な目的だ。受験者の知識・教養・人生観・社会観・職業観，そして将来への希望などが，どのような思考を経て，どう表現されているかによって，企業にとって，必要な人物かどうかを判断している。

　論作文の場合には，書き手の社会的意識や考え方に加え，「感銘を与える」働きが要求される。就職活動とは，企業に対し「自分をアピールすること」だということを常に念頭に置いておきたい。

### Point

**論文と作文の違い**

|  | 論　文 | 作　文 |
|---|---|---|
| テーマ | 学術的・社会的・国際的なテーマ。時事，経済問題など | 個人的・主観的なテーマ。人生観，職業観など |
| 表現 | 自分の意見や主張を明確に述べる。 | 自分の感想を述べる。 |
| 展開 | 四段型（起承転結）の展開が多い。 | 三段型（はじめに・本文・結び）の展開が多い。 |
| 文体 | 「だ調・である調」のスタイルが多い。 | 「です調・ます調」のスタイルが多い。 |

# 02 採点のポイント

・テーマ

与えられた課題（テーマ）を，受験者はどのように理解しているか。

出題されたテーマの意義をよく考え，それに対する自分の意見や感情が，十分に整理されているかどうか。

・表現力

課題について本人が感じたり，考えたりしたことを，文章で的確に表しているか。

・字・用語・その他

かなづかいや送りがなが合っているか，文中で引用されている格言やことわざの類が使用法を間違えていないか，さらに誤字・脱字に至るまで，文章の基本的な力が受験者の人柄ともからんで厳密に判定される。

・オリジナリティ

魅力がある文章とは，オリジナリティを率直に出すこと。自分の感情や意見を，自分の言葉で表現する。

・生活態度

文章は，書き手の人格や人柄を映し出す。平素の社会的関心や他人との協調性，趣味や読書傾向はどうであるかといった，受験者の日常における生き方，生活態度がみられる。

・字の上手・下手

できるだけ読みやすい字を書く努力をする。また，制限字数より文章が長くなって原稿用紙の上下や左右の空欄に書き足したりすることは避ける。消しゴムで消す場合にも，丁寧に。

いずれの場合でも，表面的な文章力を問うているのではなく，受験者の人柄のほうを重視している。

# マナーチェックリスト

就活において企業の人事担当は，面接試験やOG／OB訪問，そして面接試験において，あなたのマナーや言葉遣いといった，「常識力」をチェックしている。現在の自分はどのくらい「常識力」が身についているかをチェックリストで振りかえり，何ができて，何ができていないかを明確にしたうえで，今後の取り組みに生かしていこう。

**評価基準**　5：大変良い　4：やや良い　3：どちらともいえない　2：やや悪い　1：悪い

| | 項　目 | 評　価 | メ　モ |
|---|---|---|---|
| 挨拶 | 明るい笑顔と声で挨拶をしているか | | |
| | 相手を見て挨拶をしているか | | |
| | 相手より先に挨拶をしているか | | |
| | お辞儀を伴った挨拶をしているか | | |
| | 直接の応対者でなくても挨拶をしているか | | |
| 表情 | 笑顔で応対しているか | | |
| | 表情に私的感情がでていないか | | |
| | 話しかけやすい表情をしているか | | |
| | 相手の話は真剣な顔で聞いているか | | |
| 身だしなみ | 前髪は目にかかっていないか | | |
| | 髪型は乱れていないか／長い髪はまとめているか | | |
| | 髭の剃り残しはないか／化粧は健康的か | | |
| | 服は汚れていないか／清潔に手入れされているか | | |
| | 機能的で職業・立場に相応しい服装をしているか | | |
| | 華美なアクセサリーはつけていないか | | |
| | 爪は伸びていないか | | |
| | 靴下の色は適当か／ストッキングの色は自然な肌色か | | |
| | 靴の手入れは行き届いているか | | |
| | ポケットに物を詰めすぎていないか | | |

| | 項　目 | 評　価 | メ　モ |
|---|---|---|---|
| 言葉遣い | 専門用語を使わず，相手にわかる言葉で話しているか | | |
| | 状況や相手に相応しい敬語を正しく使っているか | | |
| | 相手の聞き取りやすい音量・速度で話しているか | | |
| | 語尾まで丁寧に話しているか | | |
| | 気になる言葉癖はないか | | |
| 動作 | 物の授受は両手で丁寧に実施しているか | | |
| | 案内・指し示し動作は適切か | | |
| | キビキビとした動作を心がけているか | | |
| 心構え | 勤務時間・指定時間の５分前には準備が完了しているか | | |
| | 心身ともに健康管理をしているか | | |
| | 仕事とプライベートの切替えができているか | | |

## ☑ 常に自己点検をするクセをつけよう

「人を表情やしぐさ，身だしなみなどの見かけで判断してはいけない」と一般にいわれている。確かに，人の個性は見かけだけではなく，内面においても見いだされるもの。しかし，私たちは人を第一印象である程度決めてしまう傾向がある。それが面接試験など初対面の場合であればなおさらだ。したがって，チェックリストにあるような挨拶，表情，身だしなみ等に注意して面接試験に臨むことはとても重要だ。ただ，これらは面接試験前にちょっと対策したからといって身につくようなものではない。付け焼き刃的な対策をして面接試験に臨んでも，面接官はあっという間に見抜いてしまう。日頃からチェックリストにあるような項目を意識しながら行動することが大事であり，そうすることで，最初はぎこちない挨拶や表情等も，その人の個性に応じたすばらしい所作へ変わっていくことができるのだ。さっそく，本日から実行してみよう。

面接試験において，印象を決定づける表情はとても大事。
どのようにすれば感じのいい表情ができるのか，ポイントを確認していこう。

## 明るく,温和で 柔らかな表情をつくろう

### 人間関係の潤滑油

表情に関しては，まずは豊かである
ということがベースになってくる。う
れしい表情，困った表情，驚いた表
情など，さまざまな気持ちを表現で
きるということが，人間関係を潤いの
あるものにしていく。

### Point

　表情はコミュニケーションの大前提。相手に「いつでも話しかけてくださ
いね」という無言の言葉を発しているのが，就活に求められる表情だ。面接
官が安心してコミュニケーションをとろうと思ってくれる表情。それが，明
るく，温和で柔らかな表情となる。

# カンタンTraining

## Training **01**

### 喜怒哀楽を表してみよう

・人との出会いを楽しいと思うことが表情の基本
・表情を豊かにする大前提は相手の気持ちに寄り添うこと
・目元・口元だけでなく，眉の動きを意識することが大事

## Training **02**

### 表情筋のストレッチをしよう

・表情筋は「ウイスキー」の発音によって鍛える
・意識して毎日，取り組んでみよう
・笑顔の共有によって相手との距離が縮まっていく

コミュニケーションは挨拶から始まり，その挨拶ひとつで印象は変わるもの。
ポイントを確認していこう。

# 丁寧にしっかりと
# はっきり挨拶をしよう

## 人間関係の第一歩

挨拶は心を開いて，相手に近づくコ
ミュニケーションの第一歩。たかが
挨拶，されど挨拶の重要性をわきま
えて，きちんとした挨拶をしよう。形，
つまり"技"も大事だが，心をこめ
ることが最も重要だ。

## Point

　挨拶はコミュニケーションの第一歩。相手が挨拶するのを待っているの
は望ましくない。挨拶の際のポイントは丁寧であることと，はっきり声に出
すことの2つ。丁寧な挨拶は，相手を大事にして迎えている気持ちの表れ
となる。はっきり声に出すことで，これもきちんと相手を迎えていることが
伝わる。また，相手もその応答として挨拶してくれることで，会ってすぐに
双方向のコミュニケーションが成立する。

# いますぐデキる
# カンタンTraining

## Training 01

## 3つのお辞儀をマスターしよう

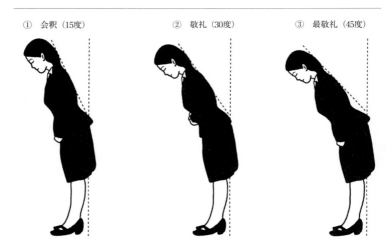

① 会釈（15度）　　　② 敬礼（30度）　　　③ 最敬礼（45度）

・息を吸うことを意識してお辞儀をするとキレイな姿勢に
・目線は真下ではなく，床前方1.5m先ぐらいを見よう
・相手への敬意を忘れずに

## Training 02

## 対面時は言葉が先，お辞儀が後

・相手に体を向けて先に自ら挨拶をする
・挨拶時，相手とアイコンタクトを
　しっかり取ろう
・挨拶の後に，お辞儀をする。
　これを「語先後礼」という

# STEP3　聞く姿勢

コミュニケーションは「話す」よりも「聞く」ことといわれる。相手が話しやすい聞き方の，ポイントを確認しよう。

受容の立場で
傾聴しよう

### 相手の話を受けとめる

話を聞くときは，やや前に傾く姿勢をとる。表情と姿勢が合わさることにより，話し手の心が開き「あれも，これも話そう」という気持ちになっていく。また，「はい」と一度のお辞儀で頷くと相手の話を受け止めているというメッセージにつながる。

**Point**

　話をすること，話を聞いてもらうことは誰にとってもプレッシャーを伴うもの。そのため，「何でも話して良いんですよ」「何でも話を聞きますよ」「心配しなくて良いんですよ」という気持ちで聞くことが大切になる。その気持ちが聞く姿勢に表れれば，相手は安心して話してくれる。

## いますぐデキる
# カンタンTraining

### Training 01
## 頷きは一度で

・相手が話した後に「はい」と
　一言発する
・頷きすぎは逆効果

### Training 02
## 目線は自然に

・鼻の付け根あたりを見ると
　自然な印象に
・目を見つめすぎるのはNG

### Training 03
## 話の句読点で視線を移す

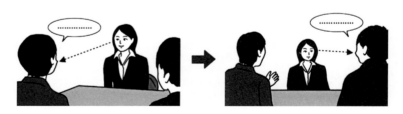

・視線は話している人を見ることが基本
・複数の人の話を聞くときは句読点を意識し，
　視線を振り分けることで聞く姿勢を表す

自分の意思を相手に明確に伝えるためには，話し方が重要となる。はっきりと的確に話すためのポイントを確認しよう。

明るい発声を
心がけよう

### ボリュームを意識して

話すときのポイントとしては，ボリュームを意識することが挙げられる。会議室の一番奥にいる人に声が届くように意識することで，声のボリュームはコントロールされていく。

**Point**

　コミュニケーションとは「伝達」すること。どのようなことも，適当に伝えるのではなく，伝えるべきことがきちんと相手に届くことが大切になる。そのためには，はっきりと，分かりやすく，丁寧に，心を込めて話すこと。言葉だけでなく，表情やジェスチャーを加えることも有効。

## いますぐデキる
# カンタンTraining

### Training 01
## 腹式呼吸で発声練習

・「あえいうえおあお」と発声する
・腹式呼吸は，胸部をなるべく動かさずに，息を吸うときにお腹や腰が膨らむよう意識する呼吸法

### Training 02
## 早口言葉にチャレンジ

> おあやや
> 母親に
> お謝り

・「おあやや，母親に，お謝り」と早口で
・口がすぼまった「お」と口が開いた「あ」の発音に，変化をつけられるかがポイント

### Training 03
## ジェスチャーを有効活用

・腰より上でジェスチャーをする
・体から離した位置に手をもっていく
・ジェスチャーをしたら戻すところをさだめておく

# STEP 5　身だしなみ

身だしなみはその人自身を表すもの。身だしなみの基本について, ポイントを確認しよう。

## 清潔感,さわやかさを醸し出せるようにしよう

### プロの企業人にふさわしい身だしなみを

信頼感, 安心感をもたれる身だしなみを考えよう。TPOに合わせた服装は, すなわち"礼"を表している。そして, 身だしなみには,「清潔感」,「品のよさ」,「控え目である」という, 3つのポイントがある。

---

### Point

相手との心理的な距離や物理的な距離が遠ければ, コミュニケーションは成立しにくくなる。見た目が不潔では誰も近付いてこない。身だしなみが清潔であること, 爽やかであることは相手との距離を縮めることにも繋がる。

# いますぐデキる
# カンタンTraining

## Training **01**

### 髪型，服装を整えよう

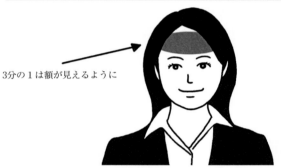

3分の1は額が見えるように

- 男性も女性も眉が見える髪型が望ましい。3分の1は額が見えるように。額は知性と清潔感を伝える場所。男性の髪の長さは耳や襟にかからないように
- スーツで相手の前に立つときは，ボタンはすべて留める。男性の場合は下のボタンは外す

## Training **02**

### おしゃれとの違いを明確に

- 爪はできるだけ切りそろえる
- 爪の中の汚れにも注意
- ジェルネイル，ネイルアートはNG

## Training **03**

### 足元にも気を配って

- 女性の場合はパンプス，男性の場合は黒の紐靴が望ましい
- 靴はこまめに汚れを落とし見栄えよく

## 実践編 STEP6　姿勢

姿勢にはその人の意欲が反映される。前向き，活動的な姿勢を表すにはどうしたらよいか，ポイントを確認しよう。

# 前向き,活動的な姿勢を維持しよう

**一直線と左右対称**

正しい立ち姿として，耳，肩，腰，くるぶしを結んだ線が一直線に並んでいることが最大のポイントになる。そのラインが直線に近づくほど立ち姿がキレイに整っていることになる。また，"左右対称"というのもキレイな姿勢の要素のひとつになる。

## Point

　姿勢は，身体と心の状態を反映するもの。そのため，良い姿勢でいることは，印象が清々しいだけでなく，健康で元気そうに見え，話しかけやすさにも繋がる。歩く姿勢，立つ姿勢，座る姿勢など，どの場面にも心身の健康状態が表れるもの。日頃から心身の健康状態に気を配り，フィジカルとメンタル両面の自己管理を心がけよう。

# いますぐデキる
# カンタンTraining

## Training 01

## キレイな歩き方を心がけよう

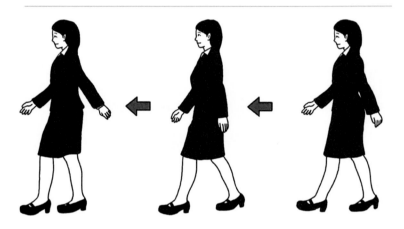

- 女性は1本の線上を，男性はそれよりも太い線上を沿うように歩く
- 一歩踏み出したときに前の足に体重を乗せるように，腰から動く
- 12時の方向につま先をもっていく

## Training 02

## 前向きな気持ちを持とう

- 常に前向きな気持ちが姿勢を正す
- ポジティブ思考を心がけよう

言葉遣いの正しさはとは，場面にあった言葉を遣うということ。相手を気づかいながら，言葉を選ぶことで，より正しい言葉に近づいていく。

# 相手と場面に合わせた
# ふさわしい言葉遣いを

次の文は接客の場面でよくある間違えやすい敬語です。
それぞれの言い方は○×どちらでしょうか。

問1　「資料をご拝読いただきありがとうございます」

問2　「こちらのパンフレットはもういただかれましたか？」

問3　「恐れ入りますが，こちらの用紙にご記入してください」

問4　「申し訳ございませんが，来週，休ませていただきます」

問5　「先ほどの件，帰りましたら上司にご報告いたしますので」

## Point

　ビジネスのシーンに敬語は欠くことができない。何度もやり取りをしていく中で，親しさの度合いによっては，あえてくだけた表現を用いることもあるが，「親しき仲にも礼儀あり」と言われるように，敬意や心づかいをおろそかにしてはいけないもの。相手に誤解されたり，相手の気分を壊すことのないように，相手や場面にふさわしい言葉遣いが大切になる。

## 解答と解説

### 問1 （×） ○正しい言い換え例

→「ご覧いただきありがとうございます」など

「拝読」は自分が「読む」意味の謙譲語なので，相手の行為に使うのは誤り。読むと見るは同義なため，多く，見るの尊敬語「ご覧になる」が用いられる。

### 問2 （×） ○正しい言い換え例

→「お持ちですか」「お渡ししましたでしょうか」 など

「いただく」は，食べる・飲む・もらうの謙譲語。「もらったかどうか」と聞きたいのだから，「おもらいになりましたか」と言えないこともないが，持っているかどうか，受け取ったかどうかという意味で「お持ちですか」などが使われることが多い。また，自分側が渡すような場合は，「お渡しする」を使って「お渡ししましたでしょうか」などの言い方に換えることもできる。

### 問3 （×） ○正しい言い換え例

→「恐れ入りますが，こちらの用紙にご記入ください」など

「ご記入する」の「お（ご）～する」は謙譲語の形。相手の行為を謙譲語で表すことになるため誤り。「して」を取り除いて「ご記入ください」か，和語に言い換えて「お書きください」とする。ほかにも「お書き／ご記入・いただけますでしょうか・願います」などの表現もある。

### 問4 （△）

有給休暇を取る場合や，弔事等で休むような場面で，用いられることも多い。「休ませていただく」ということで一見丁寧に響くが，「来週休むと自分で休みを決めている」という勝手な表現にも受け取られかねない言葉だ。ここは同じ「させていただく」を用いても，相手の都合をうかがう言い方に換えて「○○がございまして，申し訳ございませんが，休みをいただいてもよろしいでしょうか」などの言い換えが好ましい。

### 問5 （×） ○正しい言い換え例

→「上司に報告いたします」

「ご報告いたします」は，ソトの人との会話で使うとするならば誤り。「ご報告いたします」の「お・ご～いたす」は，「お・ご～する」と「～いたす」という2つの敬語を含む言葉。そのうちの「お・ご～する」は，主語である自分を低めて相手＝上司を高める働きをもつ表現（謙譲語Ⅰ）。一方「～いたす」は，主語の私を低めて，話の聞き手に対して丁重に述べる働きをもつ表現（謙譲語Ⅱ　丁重語）。「お・ご～する」も「～いたす」も同じ謙譲語であるため紛らわしいが，主語を低める（謙譲）という働きは同じでも，行為の相手を高める働きがあるかないかという点に違いがあるといえる。

# 正しい敬語

敬語は正しく使用することで，相手の印象を大きく変えることができる。尊敬語，謙譲語の区別をはっきりつけて，誤った用法で話すことのないように気をつけよう。

# 言葉の使い方が
# マナーを表す!

■よく使われる尊敬語の形 「言う・話す・説明する」の例

| 専用の尊敬語型 | おっしゃる |
|---|---|
| 〜れる・〜られる型 | 言われる・話される・説明される |
| お（ご）〜になる型 | お話しになる・ご説明になる |
| お（ご）〜なさる型 | お話しなさる・ご説明なさる |

■よく使われる謙譲語の形 「言う・話す・説明する」の例

| 専用の謙譲語型 | 申す・申し上げる |
|---|---|
| お（ご）〜する型 | お話しする・ご説明する |
| お（ご）〜いたす型 | お話しいたします・ご説明いたします |

## Point

　同じ尊敬語・謙譲語でも，よく使われる代表的な形がある。ここではその一例をあげてみた。敬語の使い方に迷ったときなどは，まずはこの形を思い出すことで，大抵の語はこの型にはめ込むことができる。同じ言葉を用いたほうがよりわかりやすいといえるので，同義に使われる「言う・話す・説明する」を例に考えてみよう。

　ほかにも「お話しくださる」や「お話しいただく」「お元気でいらっしゃる」などの形もあるが，まずは表の中の形を見直そう。

## ■よく使う動詞の尊敬語・謙譲語

なお，尊敬語の中の「言われる」などの「れる・られる」を付けた形は省力している。

| 基本 | 尊敬語（相手側） | 謙譲語（自分側） |
|---|---|---|
| 会う | お会いになる | お目にかかる・お会いする |
| 言う | おっしゃる | 申し上げる・申す |
| 行く・来る | いらっしゃる<br>おいでになる<br>お見えになる<br>お越しになる<br>お出かけになる | 伺う・参る<br>お伺いする・参上する |
| いる | いらっしゃる・おいでになる | おる |
| 思う | お思いになる | 存じる |
| 借りる | お借りになる | 拝借する・お借りする |
| 聞く | お聞きになる | 拝聴する<br>拝聞する<br>お伺いする・伺う<br>お聞きする |
| 知る | ご存じ（知っているという意で） | 存じ上げる・存じる |
| する | なさる | いたす |
| 食べる・飲む | 召し上がる・お召し上がりになる<br>お飲みになる | いただく・頂戴する |
| 見る | ご覧になる | 拝見する |
| 読む | お読みになる | 拝読する |

「お伺いする」「お召し上がりになる」などは，「伺う」「召し上がる」自体が敬語なので「二重敬語」ですが，慣習として定着しており間違いではないもの。

---

Point

　上記の「敬語表」は，よく使うと思われる動詞をそれぞれ尊敬語・謙譲語で表したもの。このように大体の言葉は型にあてはめることができる。言葉の中には「お（ご）」が付かないものもあるが，その場合でも「〜なさる」を使って，「スピーチなさる」や「運営なさる」などと言うことができる。また，表では，「言う」の尊敬語「言われる」の例は省いているが，れる・られる型の「言われる」よりも「おっしゃる」「お話しになる」「お話しなさる」などの言い方のほうが，より敬意も高く，言葉としても何となく響きが落ち着くといった印象を受けるものとなる。

会話は相手があってのこと。いかなる場合でも，相手に対する心くばりを忘れないことが，会話をスムーズに進めるためのコツになる。

# 心くばりを添えるひと言で
# 言葉の印象が変わる!

　相手に何かを頼んだり，また相手の依頼を断ったり，相手の抗議に対して反論したりする場面では，いきなり自分の意見や用件を切り出すのではなく，場面に合わせて心くばりを伝えるひと言を添えてから本題に移ると，響きがやわらかくなり，こちらの意向も伝えやすくなる。俗にこれは「クッション言葉」と呼ばれている。（右表参照）

---

## Point

　ビジネスの場面で，相手と話したり手紙やメールを送る際には，何か依頼事があってという場合が多いもの。その場合に「ちょっとお願いなんですが…」では，ふだんの会話と変わりがないものになってしまう。そこを「突然のお願いで恐れ入りますが」「急にご無理を申しまして」「こちらの勝手で恐縮に存じますが」「折り入ってお願いしたいことがございまして」などの一言を添えることで，直接的なきつい感じが和らぐだけでなく，「申し訳ないのだけれど，もしもそうしていただくことができればありがたい」という，相手への配慮や願いの気持ちがより強まる。このような前置きの言葉もうまく用いて，言葉に心くばりを添えよう。

| | |
|---|---|
| 相手の意向を尋ねる場合 | 「よろしければ」「お差し支えなければ」<br>「ご都合がよろしければ」「もしお時間がありましたら」<br>「もしお嫌いでなければ」「ご興味がおありでしたら」 |
| 相手に面倒を<br>かけてしまうような場合 | 「お手数をおかけしますが」<br>「ご面倒をおかけしますが」<br>「お手を煩わせまして恐縮ですが」<br>「お忙しい時に申し訳ございませんが」<br>「お時間を割いていただき申し訳ありませんが」<br>「貴重なお時間を頂戴し恐縮ですが」 |
| 自分の都合を<br>述べるような場合 | 「こちらの勝手で恐縮ですが」<br>「こちらの都合（ばかり）で申し訳ないのですが」<br>「私どもの都合ばかりを申しまして，まことに申し訳なく存じますが」<br>「ご無理を申し上げまして恐縮ですが」 |
| 急な話をもちかけた場合 | 「突然のお願いで恐れ入りますが」<br>「急にご無理を申しまして」<br>「もっと早くにご相談申し上げるべきところでございましたが」<br>「差し迫ってのことでまことに申し訳ございませんが」 |
| 何度もお願いする場合 | 「たびたびお手数をおかけしまして恐縮に存じますが」<br>「重ね重ね恐縮に存じますが」<br>「何度もお手を煩わせまして申し訳ございませんが」<br>「ご面倒をおかけしてばかりで，まことに申し訳ございませんが」 |
| 難しいお願いをする場合 | 「ご無理を承知でお願いしたいのですが」<br>「たいへん申し上げにくいのですが」<br>「折り入ってお願いしたいことがございまして」 |
| あまり親しくない相手に<br>お願いする場合 | 「ぶしつけなお願いで恐縮ですが」<br>「ぶしつけながら」<br>「まことに厚かましいお願いでございますが」 |
| 相手の提案・誘いを断る場合 | 「申し訳ございませんが」<br>「（まことに）残念ながら」<br>「せっかくのご依頼ではございますが」<br>「たいへん恐縮ですが」<br>「身に余るお言葉ですが」<br>「まことに失礼とは存じますが」<br>「たいへん心苦しいのですが」<br>「お引き受けしたいのはやまやまですが」 |
| 問い合わせの場合 | 「つかぬことをうかがいますが」<br>「突然のお尋ねで恐縮ですが」 |

ここでは文章の書き方における，一般的な敬称について言及している。はがき，手紙，メール等，通信手段はさまざま。それぞれの特性をふまえて有効活用しよう。

# 相手の気持ちになって
# 見やすく美しく書こう

■敬称のいろいろ

| 敬称 | 使う場面 | 例 |
|---|---|---|
| 様 | 職名・役職のない個人 | （例）飯田知子様／ご担当者様／経理部長　佐藤一夫様 |
| 殿 | 職名・組織名・役職のある個人（公用文など） | （例）人事部長殿／教育委員会殿／田中四郎殿 |
| 先生 | 職名・役職のない個人 | （例）松井裕子先生 |
| 御中 | 企業・団体・官公庁などの組織 | （例）○○株式会社御中 |
| 各位 | 複数あてに同一文書を出すとき | （例）お客様各位／会員各位 |

**Point**

　封筒・はがきの表書き・裏書きは縦書きが基本だが，洋封筒で親しい人にあてる場合は，横書きでも問題ない。いずれにせよ，定まった位置に，丁寧な文字でバランス良く，正確に記すことが大切。特に相手の住所や名前を乱雑な文字で書くのは，配達の際の間違いを引き起こすだけでなく，受け取る側に不快な思いをさせる。相手の気持ちになって，見やすく美しく書くよう心がけよう。

■各通信手段の長所と短所

| | 長所 | 短所 | 用途 |
|---|---|---|---|
| 封書 | ・封を開けなければ本人以外の目に触れることがない。<br>・丁寧な印象を受ける。 | ・多量の資料・画像送付には不向き。<br>・相手に届くまで時間がかかる。 | ・儀礼的な文書（礼状・わび状など）<br>・目上の人あての文書<br>・重要な書類<br>・他人に内容を読まれたくない文書 |
| はがき・カード | ・封書よりも気軽にやり取りできる。<br>・年賀状や季節の便り，旅先からの連絡など絵はがきとしても楽しむことができる。 | ・封に入っていないため，第三者の目に触れることがある。<br>・中身が見えるので，改まった礼状やわび状，こみ入った内容には不向き。<br>・相手に届くまで時間がかかる。 | ・通知状　　　・案内状<br>・送り状　　　・旅先からの便り<br>・各種お祝い　・お礼<br>・季節の挨拶 |
| ＦＡＸ | ・手書きの図やイラストを文章といっしょに送れる。<br>・すぐに届く。<br>・控えが手元に残る。 | ・多量の資料の送付には不向き。<br>・事務的な用途で使われることが多く，改まった内容の文書，初対面の人へは不向き。 | ・地図，イラストの入った文書<br>・印刷物（本・雑誌など） |
| 電話 | ・急ぎの連絡に便利。<br>・相手の反応をすぐに確認できる。<br>・直接声が聞けるので，安心感がある。 | ・連絡できる時間帯が制限される。<br>・長々としたこみ入った内容は伝えづらい。 | ・緊急の用件<br>・確実に用件を伝えたいとき |
| メール | ・瞬時に届く。　・控えが残る。<br>・コストが安い。<br>・大容量の資料や画像をデータで送ることができる。<br>・一度に大勢の人に送ることができる。<br>・相手の居場所や状況を気にせず送れる。 | ・事務的な印象を与えるので，改まった礼状やわび状には不向き。<br>・パソコンや携帯電話を持っていない人には送れない。<br>・ウィルスなどへの対応が必要。 | ・データで送りたいとき<br>・ビジネス上の連絡 |

### Point

　はがきは手軽で便利だが，おわびやお願い，格式を重んじる手紙には不向きとなる。この種の手紙は内容もこみ入ったものとなり，加えて丁寧な文章で書かなければならないので，数行で済むことはまず考えられない。また，封筒に入っていないため，他人の目に触れるという難点もある。このように，はがきにも長所と短所があるため，使う場面や相手によって，他の通信手段と使い分けることが必要となる。

　はがき以外にも，封書・電話・ＦＡＸ・メールなど，現代ではさまざまな通信手段がある。上に示したように，それぞれ長所と短所があるので，特徴を知って用途によって上手に使い分けよう。

　社会人のマナーとして，電話応対のスキルは必要不可欠。まずは失礼なく電話に出ることからはじめよう。積極性が重要だ。

# 相手の顔が見えない分
# 対応には細心の注意を

■電話をかける場合

### ①　○○先生に電話をする

×「私，□□社の××と言いますが，○○様はおられますでしょうか？」

○「××と申しますが，○○様はいらっしゃいますか？」

「おられますか」は「おる」を謙譲語として使うため，通常は相手がいるかどうかに関しては，「いらっしゃる」を使うのが一般的。

### ②　相手の状況を確かめる

×「こんにちは，××です，先日のですね…」

○「××です，先日は有り難うございました，今お時間よろしいでしょうか？」

相手が忙しくないかどうか，状況を聞いてから話を始めるのがマナー。また，やむを得ず夜間や早朝，休日などに電話をかける際は，「夜分（朝早く）に申し訳ございません」「お休みのところ恐れ入ります」などのお詫びの言葉もひと言添えて話す。

### ③　相手が不在，何時ごろ戻るかを聞く場合

×「戻りは何時ごろですか？」

○「何時ごろお戻りになりますでしょうか？」

「戻り」はそのままの言い方，相手にはきちんと尊敬語を使う。

### ④　また自分からかけることを伝える

×「そうですか，ではまたかけますので」

○「それではまた後ほど（改めて）お電話させていただきます」

戻る時間がわかる場合は，「またお戻りになりましたころにでも」「また午後にでも」などの表現もできる。

■電話を受ける場合

## ① 電話を取ったら

× 「はい，もしもし，〇〇（社名）ですが」

○ 「はい，〇〇（社名）でございます」

## ② 相手の名前を聞いて

× 「どうも，どうも」

○ 「いつもお世話になっております」

あいさつ言葉として定着している決まり文句ではあるが，日頃のお付き合いがあってこそ。あいさつ言葉もきちんと述べよう。「お世話様」という言葉も時折耳にするが，敬意が軽い言い方となる。適切な言葉を使い分けよう。

## ③ 相手が名乗らない

× 「どなたですか？」「どちらさまですか？」

○ 「失礼ですが，お名前をうかがってもよろしいでしょうか？」

名乗るのが基本だが，尋ねる態度も失礼にならないように適切な応対を心がけよう。

## ④ 電話番号や住所を教えてほしいと言われた場合

× 「はい，いいでしょうか？」　　× 「メモのご用意は？」

○ 「はい，申し上げます，よろしいでしょうか？」

「メモのご用意は？」は，一見親切なようにも聞こえるが，尋ねる相手も用意していることがほとんど。押し付けがましくならない程度に。

## ⑤ 上司への取次を頼まれた場合

× 「はい，今代わります」　　× 「〇〇部長ですね，お待ちください」

○ 「部長の〇〇でございますね，ただいま代わりますので，少々お待ちくださいませ」

〇〇部長という表現は，相手側の言い方となる。自分側を述べる場合は，「部長の〇〇」「〇〇」が適切。

---

**Point**

自分から電話をかける場合は，まずは自分の会社名や氏名を名乗るのがマナー。たとえ目的の相手が直接出た場合でも，電話では相手の様子が見えないことがほとんど。自分の勝手な判断で話し始めるのではなく，相手の都合を伺い，そのうえで話を始めるのが社会人として必要な気配りとなる。

## デキるオトナをアピール
# 時候の挨拶

| 月 | 漢語調の表現<br>候，みぎりなどを付けて用いられます | 口語調の表現 |
|---|---|---|
| 1月<br>(睦月) | 初春・新春 頌春・小寒・大寒・厳寒 | 皆様におかれましては，よき初春をお迎えのことと存じます／厳しい寒さが続いております／珍しく暖かな寒の入りとなりました／大寒という言葉通りの厳しい寒さでございます |
| 2月<br>(如月) | 春寒・余寒・残寒・立春・梅花・向春 | 立春とは名ばかりの寒さ厳しい毎日でございます／梅の花もちらほらとふくらみ始め，春の訪れを感じる今日この頃です／春の訪れが待ち遠しいのころでございます |
| 3月<br>(弥生) | 早春・浅春・春寒・春分・春暖 | 寒さもようやくゆるみ，日ましに春めいてまいりました／ひと雨ごとに春めいてまいりました／日増しに暖かさが加わってまいりました |
| 4月<br>(卯月) | 春暖・陽春・桜花・桜花爛漫 | 桜花爛漫の季節を迎えました／春光うららかな好季節となりました／花冷えとでも申しましょうか，何だか肌寒い日が続いております |
| 5月<br>(皐月) | 新緑・薫風・惜春・晩春・立夏・若葉 | 風薫るさわやかな季節を迎えました／木々の緑が目にまぶしいようでございます／目に青葉，山ほととぎす，初鰹の句も思い出される季節となりました |
| 6月<br>(水無月) | 梅雨・向暑・初夏・薄暑・麦秋 | 初夏の風もさわやかな毎日でございます／梅雨前線が近づいてまいりました／梅雨の晴れ間にのぞく青空は，まさに夏を思わせるようです |
| 7月<br>(文月) | 盛夏・大暑・炎暑・酷暑・猛暑 | 梅雨が明けたとたん，うだるような暑さが続いております／長い梅雨も明け，いよいよ本格的な夏がやってまいりました／風鈴の音がわずかに涼を運んでくれているようです |
| 8月<br>(葉月) | 残暑・晩夏・処暑・秋暑 | 立秋とはほんとうに名ばかりの厳しい暑さの毎日です／残暑たえがたい毎日でございます／朝夕はいくらかしのぎやすくなってまいりました |
| 9月<br>(長月) | 初秋・新秋・爽秋・新涼・清涼 | 九月に入りましてもなお，日差しの強い毎日です／暑さもやっとおとろえはじめたようでございます／残暑も去り，ずいぶんとしのぎやすくなってまいりました |
| 10月<br>(神無月) | 清秋・錦秋・秋涼・秋冷・寒露 | 秋風もさわやかな過ごしやすい季節となりました／街路樹の葉も日ごとに色を増しております／紅葉の便りの聞かれるころとなりました／秋深く，日増しに冷気も加わってまいりました |
| 11月<br>(霜月) | 晩秋・暮秋・霜降・初霜・向寒 | 立冬を迎え，まさに冬到来を感じる寒さです／木枯らしの季節になりました／日ごとに冷気が増すようでございます／朝夕はひときわ冷え込むようになりました |
| 12月<br>(師走) | 寒冷・初冬・師走・歳晩 | 師走を迎え，何かと慌ただしい日々をお過ごしのことと存じます／年の瀬も押しつまり，何かとお忙しくお過ごしのことと存じます／今年も残すところわずかとなりました，お忙しい毎日とお察しいたします |

# いますぐデキる
# シチュエーション別会話例

## シチュエーション1　　取引先との会話

### 「非常に素晴らしいお話で感心しました」→NG！

「感心する」は相手の立派な行為や，優れた技量などに心を動かされるという意味。意味としては間違いではないが，目上の人に用いると，偉そうに聞こえかねない表現。「感動しました」などに言い換えるほうが好ましい。

## シチュエーション2　　子どもとの会話

### 「お母さんは，明日はいますか？」→NG！

たとえ子どもとの会話でも，子どもの年齢によっては，ある程度の敬語を使うほうが好ましい。「明日はいらっしゃいますか」では，むずかしすぎると感じるならば，「お出かけですか」などと表現することもできる。

## シチュエーション3　　同僚との会話

### 「今，お暇ですか」→NG？

同じ立場同士なので，暇に「お」が付いた形で「お暇」ぐらいでも構わないともいえるが，「暇」というのは，するべきことも何もない時間という意味。そのため「お暇ですか」では，あまりにも直接的になってしまう。その意味では「手が空いている」→「空いていらっしゃる」→「お手透き」などに言い換えることで，やわらかく敬意も含んだ表現になる。

## シチュエーション4　　上司との会話

### 「なるほどですね」→NG！

「なるほど」とは，相手の言葉を受けて，自分も同意見であることを表すため，相手の言葉・意見を自分が評価するというニュアンスも含まれている。そのため自分が評価して述べているという偉そうな表現にもなりかねない。同じ同意ならば，頷き「おっしゃる通りです」などの言葉のほうが誤解なく伝わる。

# 就活スケジュールシート

## ■年間スケジュールシート

| 1月 | 2月 | 3月 | 4月 | 5月 | 6月 |
|---|---|---|---|---|---|
| **企業関連スケジュール** | | | | | |
| | | | | | |
| **自己の行動計画** | | | | | |
| | | | | | |

就職活動をすすめるうえで，当然重要になってくるのは，自己のスケジュール管理だ。企業の選考スケジュールを把握することも大切だが，自分のペースで進めることになる自己分析や業界・企業研究，面接試験のトレーニング等の計画を立てることも忘れてはいけない。スケジュールシートに「記入」する作業を通して，短期・長期の両方の面から就職試験を考えるきっかけにしよう。

| 7月 | 8月 | 9月 | 10月 | 11月 | 12月 |
|---|---|---|---|---|---|
| **企業関連スケジュール** | | | | | |
| | | | | | |
| **自己の行動計画** | | | | | |
| | | | | | |

### 会社別就活ハンドブックシリーズ

# 積水ハウスの
# 就活ハンドブック

| | |
|---|---|
| 編　者 | 就職活動研究会 |
| 発　行 | 令和 6 年 2 月 25 日 |
| 発行者 | 小貫輝雄 |
| 発行所 | 協同出版株式会社 |

〒 101 − 0054
東京都千代田区神田錦町 2 − 5
電話　03 − 3295 − 1341
振替　東京00190 − 4 − 94061

印刷所　協同出版・POD 工場

落丁・乱丁はお取り替えいたします

# ●2025年度版●
# 会社別就活ハンドブックシリーズ
**【全111点】**

## 運　輸

| | |
|---|---|
| 東日本旅客鉄道の就活ハンドブック | 小田急電鉄の就活ハンドブック |
| 東海旅客鉄道の就活ハンドブック | 阪急阪神 HD の就活ハンドブック |
| 西日本旅客鉄道の就活ハンドブック | 商船三井の就活ハンドブック |
| 東京地下鉄の就活ハンドブック | 日本郵船の就活ハンドブック |

## 機　械

| | |
|---|---|
| 三菱重工業の就活ハンドブック | 浜松ホトニクスの就活ハンドブック |
| 川崎重工業の就活ハンドブック | 村田製作所の就活ハンドブック |
| IHI の就活ハンドブック | クボタの就活ハンドブック |
| 島津製作所の就活ハンドブック | |

## 金　融

| | |
|---|---|
| 三菱 UFJ 銀行の就活ハンドブック | 野村證券の就活ハンドブック |
| 三菱 UFJ 信託銀行の就活ハンドブック | りそなグループの就活ハンドブック |
| みずほ FG の就活ハンドブック | ふくおか FG の就活ハンドブック |
| 三井住友銀行の就活ハンドブック | 日本政策投資銀行の就活ハンドブック |
| 三井住友信託銀行の就活ハンドブック | |

## 建設・不動産

| | |
|---|---|
| 三菱地所の就活ハンドブック | 鹿島建設の就活ハンドブック |
| 三井不動産の就活ハンドブック | 大成建設の就活ハンドブック |
| 積水ハウスの就活ハンドブック | 清水建設の就活ハンドブック |
| 大和ハウス工業の就活ハンドブック | |

## 資源・素材

| | |
|---|---|
| 旭旭化成グループの就活ハンドブック | 関西電力の就活ハンドブック |
| 東レの就活ハンドブック | 日本製鉄の就活ハンドブック |
| ワコールの就活ハンドブック | 中部電力の就活ハンドブック |

九州電力の就活ハンドブック

## 自動車

トヨタ自動車の就活ハンドブック

デンソーの就活ハンドブック

本田技研工業の就活ハンドブック

日産自動車の就活ハンドブック

## 商　社

三菱商事の就活ハンドブック

伊藤忠商事の就活ハンドブック

住友商事の就活ハンドブック

双日の就活ハンドブック

丸紅の就活ハンドブック

豊田通商の就活ハンドブック

三井物産の就活ハンドブック

## 情報通信・IT

NTT データの就活ハンドブック

サイバーエージェントの就活ハンドブック

NTT ドコモの就活ハンドブック

LINE ヤフーの就活ハンドブック

野村総合研究所の就活ハンドブック

SCSK の就活ハンドブック

日本電信電話の就活ハンドブック

富士ソフトの就活ハンドブック

KDDI の就活ハンドブック

日本オラクルの就活ハンドブック

ソフトバンクの就活ハンドブック

GMO インターネットグループ

楽天の就活ハンドブック

オービックの就活ハンドブック

mixi の就活ハンドブック

DTS の就活ハンドブック

グリーの就活ハンドブック

TIS の就活ハンドブック

## 食品・飲料

サントリー HD の就活ハンドブック

日本たばこ産業 の就活ハンドブック

味の素の就活ハンドブック

日清食品グループの就活ハンドブック

キリン HD の就活ハンドブック

山崎製パンの就活ハンドブック

アサヒグループ HD の就活ハンドブック

キユーピーの就活ハンドブック

## 生活用品

資生堂の就活ハンドブック

武田薬品工業の就活ハンドブック

花王の就活ハンドブック

## 電気機器

| | |
|---|---|
| 三菱電機の就活ハンドブック | パナソニックの就活ハンドブック |
| ダイキン工業の就活ハンドブック | 富士通の就活ハンドブック |
| ソニーの就活ハンドブック | キヤノンの就活ハンドブック |
| 日立製作所の就活ハンドブック | 京セラの就活ハンドブック |
| ＮＥＣの就活ハンドブック | オムロンの就活ハンドブック |
| 富士フイルム HD の就活ハンドブック | キーエンスの就活ハンドブック |

## 保　険

| | |
|---|---|
| 東京海上日動火災保険の就活ハンドブック | 三井住友海上火災保険の就活ハンドブック |
| 第一生命ホールティングスの就活ハンドブック | 損保ジャパンの就活ハンドブック |

## メディア

| | |
|---|---|
| 日本印刷の就活ハンドブック | エイベックスの就活ハンドブック |
| 博報堂 DY の就活ハンドブック | 東宝の就活ハンドブック |
| TOPPAN ホールディングスの就活ハンドブック | |

## 流通・小売

| | |
|---|---|
| ニトリ HD の就活ハンドブック | ZOZO の就活ハンドブック |
| イオンの就活ハンドブック | |

## エンタメ・レジャー

| | |
|---|---|
| オリエンタルランドの就活ハンドブック | 任天堂の就活ハンドブック |
| アシックスの就活ハンドブック | カプコンの就活ハンドブック |
| バンダイナムコ HD の就活ハンドブック | セガサミー HD の就活ハンドブック |
| コナミグループの就活ハンドブック | タカラトミーの就活ハンドブック |
| スクウェア・エニックス HD の就活ハンドブック | |

▼会社別就活ハンドブックシリーズにつきましては，協同出版のホームページからもご注文ができます。詳細は下記のサイトでご確認下さい。

https://kyodo-s.jp/examination_company